13. Jänner 2016

Maria Steinbauer

# EDELBRÄNDE
## Exquisites Genießen

ISBN 978-3-85431-512-4


in der Verlagsgruppe Styria GmbH & Co KG
Wien · Graz · Klagenfurt
www.ichlese.at

Covergestaltung: Bruno Wegscheider
Satz: Emanuel Mauthe
Lektorat: Marion Mauthe
Umschlagbild/Bild rechts:
Austrophoto / F1 Online / picturedesk.com

Druck: Druckerei Theiss, St. Stefan im Lavanttal

MARIA STEINBAUER

# EDELBRÄNDE

## EXQUISITES GENIESSEN

Pichler Verlag

# INHALT

# VORWORT

Ich behaupte, Genuss ist lebensnotwendig. Genussregion, Genusswochenende, Genuss erleben, Genussradweg, Genuss-Rally, Genussbezirk, Genussland, Genusstourismus, Genussmenschen, Genusshandwerker ... Die Werbewirtschaft bedient sich gern des Begriffs, doch was bedeutet er?

Jedem fällt dazu etwas ein, doch wird man Genuss mit Wohlfühlen gleichsetzen: wenn alles ruhig ist, das Essen gut geschmeckt hat, eine große Arbeit vollendet ist, ein Tennismatch gewonnen wurde, die Kinder friedlich im Garten spielen ... Oder aber man genießt ein kleines Stamperl Edelbrand am Abend vor dem Zu-Bett-Gehen!

Jeder findet Gefallen an anderen Dingen, die Wertigkeiten sind grundverschieden. Genuss ist individuell. Jeder hat seine eigenen, persönlichen Genussmomente. Und diese sollten Sie bewusst erkennen und erleben!

Ich selbst beschäftige mich mit dem Thema Genießen, seit ich mit dem Brennen von Edelbränden begonnen habe. Der gesundheitliche Wert, der bei fast allen Genussmitteln irgendwie konstruiert wird, ist beim Edelbrand eher untergeordnet bis in Wirklichkeit nicht vorhanden. Also wozu Edelbrände? – Zum Genießen! Allmählich habe ich begonnen, meinen Kunden nicht nur eine Edelbrand-Verkostung anzubieten, sondern sie auch Verschiedenes über das Genießen zu »lehren«. So ist das Seminarprogramm »Genuss erleben« stufenweise entstanden.

Nach meinem Motto: »Je mehr ich über etwas weiß, desto besser kann ich es genießen«, habe ich versucht, eine kleine Broschüre für meine Kunden zusammenzustellen. Wie komplex sich dieses Thema darstellt, ist mir damit erst bewusst geworden. Und mit der Zeit ist der Stoff so angewachsen, dass ein ganzes Buch daraus geworden ist. Dieses Buch, das Sie gerade in Ihren Händen halten.

Ich möchte keineswegs für mich beanspruchen, etwas dramatisch Revolutionäres hier zu Papier zu bringen. Vieles ist schon gesagt geworden, vieles wurde ausprobiert und wissenschaftlich nachgewiesen – vielleicht später auch wieder revidiert. Ich habe aber hier meinen Fokus auf das Thema GENUSS & EDELBRAND gelegt und mit meinen persönlichen Erkenntnissen, von denen ich hoffe, dass sie für viele inspirierend sind, angereichert.

Sollten Sie Anregungen haben, sollte es trotz ausführlicher Recherchen irgendwo einen Fehler geben oder sollten Sie einfach nur einen besonderen »Genusstipp« haben, so schicken Sie mir eine E-Mail (steinbauer@genuss-erleben.at), und ich werde etwaige Korrekturen und Ihre Anregungen auf meiner Homepage veröffentlichen.

Lernen Sie genießen, lernen Sie Ihre persönlichen Genussmomente auskosten. Ich hoffe, dass Sie nach der Lektüre des vorliegenden Textes den Edelbrand zu einem Ihrer höchsten Genüsse gemacht haben werden!

Maria Steinbauer
www.genuss-erleben.at

# VOM KOSTEN UND GENIESSEN

# WAS IST NUN GENUSS?

## Ein Versuch, Genuss zu definieren

In der Internetsuchmaschine meines Vertrauens erhalte ich nach Eingabe des Begriffs »Genuss« etwa 14 Millionen Eintragungen. Aber was Genuss wirklich ist, habe ich da nicht gefunden!
Gemäß dem Psychologen und Soziologen Reinhold Bergler ist Genuss »ein allgemeiner gefühlsmäßiger Zustand, das Erleben konkreter Lebensinhalte und angenehmer Sinneseindrücke, Bedürfnisbefriedigung und aktives und dadurch intensives Erleben. Genuss ist demnach positiv besetzt, er dient der psychischen und physischen Erholung und Förderung des Wohlbefindens. Daher ist Genuss die Kompensation des normalen Alltags, ist Abwechslung, Entspannung, Belohnung und Krafttanken.«
Vielleicht ist aber die Erklärung über den gegenteiligen Begriff leichter. Ein Aspekt dabei wäre die Askese, bei der es nur um Verzicht geht und der Genuss einer Sünde gleichkommt. Auch der Begriff Ekel stellt ein Gegenteil zum Genuss dar. Etwas, das keinen Genuss bereitet, aber auch nicht abstoßend ist, gilt als fad oder neutral. Der Ausdruck »ungenießbar« wird eigentlich nur für Nahrungsmittel verwendet, die zwar nicht gesundheitsschädlich, aber nicht wohlschmeckend sind.
Welche Bedeutung hat also Genuss? Welche Auswirkungen hat das Genießen auf unser Wohlbefinden? Wie entstehen die Unterschiede?

Grob kann man die Genüsse in folgende Bereiche unterteilen:

- Kulinarische Genüsse
- Geistige Genüsse
- Genuss durch körperliches Wohlbefinden
- Materieller Genuss
- Soziale Interaktionen als Genuss

Genuss ist infolgedessen das Zusammenspiel von zahlreichen individuell positiv empfundenen Eindrücken. Eine grundlegend positive Lebensgestaltung ist aber in jedem Fall ausschlaggebend für ein bewusstes Genießen.

# EINIGE GEDANKEN ZUR GENUSSKULTUR

## Genusstherapie

In der Medizin bezeichnet man das »Genuss-Erleben-Lernen« als euthyme Therapie. Entsprechend der griechischen Wortbedeutung wird unter euthymem Erleben alles verstanden, was dem Gemüt und der Seele guttut. Euthymes Erleben ist mit »positiven Emotionen« gekoppelt, wie beispielsweise Freude, Spaß, Entspannung oder Wohlbefinden. Angewendet wird diese Therapie ausschließlich von Ärzten und Therapeuten in Spitälern und Rehabilitationsabteilungen. Da findet diese Therapie Anwendung bei:

- Depressionen
- Ess-Störungen
- Alkoholproblemen
- Zwangserkrankungen
- Workaholics
- Burn-out-/Erschöpfungssyndrom
- Schmerzstörungen
- Psychosomatischen Erkrankungen
- Beziehungsgestaltung
- Gestaltung von Beziehungen
- Suizidprophylaxe

Krankheit und Gesundheit liegen auf der Waagschale. Zieht die Waage auf der Krankheitsseite tief nach unten, so ist die Krankheit schwerer oder die Gesundheit zu leicht. Ich kann mit der Genusstherapie etwas auf die Gesundheitswaagschale legen und einen indirekten Beitrag zur Hebung der kranken Seite beitragen. Die Patienten können in einer Therapie erfahren oder wiederentdecken, was ihnen guttut und wie und wo sie Kraft schöpfen und Erholung erlangen können.

## Das andere Gesicht des Alkohols

Da dieses Buch auch von Alkohol, und zwar von hochprozentigem Alkohol handelt, möchte ich es mir und Ihnen nicht ersparen, auch die negativen Seiten dieses Genussmittels zu betrachten.
Alkohol und andere Drogen werden seit Menschengedenken als Nahrungs-, Heil-, Genuss- und Rauschmittel verwendet, wobei es verschiedene Formen des Rausches gibt. Die Suche nach maximalem Genuss ist es, die uns an die Grenze zur Sucht bringt. Unser Gehirn ist so konstruiert, dass lebenserhaltendes und arterhaltendes Verhalten im Vordergrund steht. Dazu wird vom Limbischen System – dem Belohnungszentrum – der Nervenbotenstoff Dopamin und auch Acetylcholin ausgestoßen. So weit, so einfach. Wir Menschen trachten aber ständig danach, die Dopamin-Ausschüttung zu steigern, weil sie ein angenehmes Gefühl hervorruft. Wir versuchen, durch den Einsatz von Suchtmitteln die Dopaminfreisetzung anzutreiben. Und genau da beginnt das Problem.
Das Gehirn merkt sich diesen Mechanismus. So entsteht das Verlangen nach dieser Substanz. Beim Absetzen des Suchtmittels fällt der Dopaminspiegel und Symptome wie Gereiztheit, depressive Verstimmung und viele andere Anzeichen des Entzugs stellen sich ein. Deshalb ist die Entwöhnung so extrem schwierig, denn der Körper verlangt nach den Glückshormonen.

Genuss ist daher deutlich vom Suchtverhalten zu unterscheiden. Der Genießer versucht, Angenehmes zu finden, er sucht positive Verstärkungen. Der Süchtige versucht einen Mangel, den er empfindet – Glückshormon-Ausschüttung –, mit einem Suchtmittel zu stillen. Dabei handelt es sich aber um eine negative Verstärkung.

## Mit Genusskultur weit weg von Sucht

Unsere Fähigkeit zu tasten, zu sehen, zu riechen, zu schmecken und zu hören ist die Brücke zu unserer Umwelt. Die Sinne dienen aber auch dem Genuss. Je mehr Sinne wir einsetzen, umso intensiver fühlen wir, genießen wir. Rausch bedeutet zuerst Ansturm auf die Sinne und letztlich auch auf die Gefühle und schließlich die radikale Betäubung, der »Problem-Vergesser«.

Die intensiven Gefühle beim Genießen eines Gläschens bei Feierlichkeiten, ein Bier mit Freunden nach der Arbeit, ein Stamperl Edelbrand nach einem guten Essen kann sich jeder sorglos gönnen.

Zum Vergleich: Ein Stamperl (2 cl) Edelbrand hat in etwa 6 bis 7 Gramm Alkohol und ein Achtel Wein hat etwa 10 bis 12 Gramm Alkohol. Da der Edelbrand in kleinen Gläsern getrunken wird, ist der Alkoholgehalt vergleichsweise gar nicht so hoch. Ein Krügerl Bier hat 15 bis 23 Gramm Alkohol und Most ist mit 7 bis 10 Gramm Alkohol pro Viertelliter vergleichsweise leicht.

Alkohol wurde immer fast ausschließlich in Gesellschaft genossen oder in einem rituellen Rahmen. Erst in unserer Zeit steigt der gewohnheitsmäßige, private Konsum von Alkohol, und da beginnt die Problematik des Missbrauchs. Sollte es Ihnen schwerfallen, ein, zwei Tage in der Woche ohne Alkohol auszukommen, sollten Sie kurz nachdenken! Andernfalls können Sie ruhig weiter genießen.

## Genussfähigkeit

Die Voraussetzung fürs Genießen ist die Genussfähigkeit selbst. Beginnen wir zuerst mit den Barrieren, die, vielleicht auch nur vorübergehend, das Genießen beinahe unmöglich machen:

- Depressionen
- zwischenmenschliche Probleme
- schlechtes Arbeitsklima, Überforderung
- Müdigkeit und Schlaflosigkeit
- Einsamkeit
- Angst und Zwänge
- Trauer
- Eile und Hektik
- Stress und Anspannungen
- schwaches Selbstbewusstsein

Damit wird die Genussfähigkeit leicht blockiert, daher sollten alle genussfeindlichen Faktoren zuerst beseitigt werden können. Muße, Achtsamkeit und Entspannung sollten einkehren. Euthyme, also genussbringende Verhaltensweise bedeutet Freude, Lachen, Wohlfühlen, Glücksmomente, Entspannung und vieles mehr.

## Vorbeugend genießen

Richtiges Genießen kann so manchem Stimmungstief vorbeugen.

- Stimmungsschwankungen gehören zwar zum Leben dazu, aber wenn ich mir bewusst bin, was mir guttut, kann ich mir selbst helfen.

- Selbstbewusstsein stärken, indem man Erfolge hat. Das gelingt durch richtiges Definieren der Ziele. Es sollte keine große Diskrepanz geben zwischen »so bin ich« und »so möchte ich sein«. Menschen mit richtig dosierten Ansprüchen sind mit ihren Erfolgen zufriedener. Wer sich zu hohe Ziele setzt, wird oft mit recht beachtlichen Erfolgen noch immer unzufrieden sein.

- Gelernter, maß- und genussvoller Umgang mit Alkohol und/oder Zigaretten verhindert Abhängigkeiten.

- Wunschgewicht halten oder vielleicht doch abnehmen? Genießen wird fälschlicherweise meist allein mit Essen gleichgesetzt, aber es gibt sehr viele »nicht essbare« Genussmomente.

- Wer richtig genießen kann, verfällt auch nicht den modernen Süchten wie Konsumsucht, Spielsucht, Arbeitssucht, Computersucht ...

- Genuss vorbeugend gegen Stress einsetzen! Nehme ich mir zeitgerecht Auszeiten, kann ich nicht ausbrennen. Die Zeit gut planen, keine Arbeiten lang aufschieben und auch »Nichtstun« einplanen. Selbstfürsorge zu betreiben ist sehr wichtig. Auch Hilfe annehmen gehört dazu!

- Habe ich gesundheitliche Probleme, kann bewusstes Genießen Schmerzen leichter ertragen lassen. Bestes Beispiel sind die Clown-Doktoren auf den Kinderstationen. Sie können am Befund zwar nichts ändern, jedoch lässt die Heiterkeit das Schwere für eine kurze Zeit vergessen und unterstützt die Therapie.

- Lachen lernen und Freude gewinnen. Öfter ein Lächeln aufsetzen und mit Freunden lachen. Lachen ist gesund und auch bewusst Freude erleben Lernen ist gesund für uns.

# DIE GENUSSREGELN DES PARACELSUS

Paracelsus war Arzt, Alchemist, Astrologe und Philosoph. Er lebte zu Beginn des 16. Jahrhunderts und starb 1541 in Salzburg. Im Zusammenhang mit Weinkonsum stellte er sieben Genussregeln auf, die bis zum heutigen Tag gültig sind:

- Genuss braucht Zeit;
- Genuss muss erlaubt sein;
- Genuss geht nicht nebenbei;
- Genuss ist individuell;
- Genuss ist Maßhalten;
- Genuss erfordert Erfahrung;
- Genuss ist alltäglich.

## Genuss braucht Zeit

Wir können konsequent Zeit sparen, indem wir Prioritäten setzten, Zeitdiebe erkennen, Ziele verfolgen, Pausen planen, Arbeiten delegieren ... Wenn ich all diese Regeln beachte, kann ich Zeit gewinnen, aber wofür? Ich muss darauf achten, dass ich die gewonnene Zeit nicht wieder in Arbeit investiere.
Stellen Sie sich vor, Sie kochen für ein paar liebe Freunde: Sie planen zuerst das Menü und den Einkauf, dann kochen Sie vor, Sie decken den Tisch, kochen vor dem Eintreffen der Gäste fertig – erst dann können Sie Ihre Freunde empfangen. Hoffentlich ist das Menü gut vorbereitet, sodass Sie selbst auch wirklich Zeit haben, den Abend beim Essen und Plaudern zu genießen. Was aber auch noch dazugehört, ist das Genossene während des Zusammenräumens noch einmal Revue passieren zu lassen. Vorbereiten – genießen – nachbereiten.
Genuss braucht also Zeit! Daher Zeit gut planen, sich selbst wichtig nehmen und dann genießen!

Ein paar Tipps, die Ihnen etwas mehr Zeit zum Genießen schenken:

- Sich bewusst machen, wofür man eigentlich mehr Zeit haben möchte. Wenn die Erwerbsarbeit im Vordergrund steht, dann wird man keine Freude haben mit der gewonnenen Zeit.

- Zeitdiebe erkennen und entschärfen. Telefonanrufe, ungebetene Gäste, lange Besprechungen, unangenehme Aufgaben, »Aufschieberitis«, unordentlicher Arbeitsplatz, unnötiger Papierkram ... Alles gleich erledigen und nichts aufschieben, dann abhaken.

- Richtiges Zeitmanagement durch gute Zeitplanung – möglichst schriftlich – und Prioritäten setzen. Wenn Sie mit Selbstdisziplin diese Regeln beherrschen, bleibt Ihnen mehr Zeit zum Genießen, und Sie müssen weniger Zeit verwenden, den Raubbau an Ihrer Gesundheit auszubügeln!

## Genuss muss erlaubt sein

Heute haben wir – immer von der westlichen Welt ausgehend – einen Wohlstand erreicht wie nie zuvor in der Geschichte der Menschheit, und die Freizeitgestaltung nimmt einen wesentlichen Bereich im Leben eines jeden ein. Wir könnten es uns leisten zu genießen – und das sollten wir mit ruhigem Gewissen tun.
Um genießen zu können, muss man »Verbote« relativieren. Ich muss mir das Genießen erlauben und nach einem guten Essen nicht daran denken, wie sehr ich nun gesündigt habe, sondern mich dem Genuss hingeben.
Freilich gibt es Gebote, die eingehalten werden müssen, sei es aus rechtlicher, religiöser oder auch gesundheitlicher Sicht. So wird der Genuss eines Stam-

perls vom besten Edelbrand nach dem Essen nicht sinnvoll sein, wenn man noch mit dem Auto fahren muss. Sich den Genuss für zu Hause aufzuheben hat doppelt so viel Sinn, denn hier kommt noch die Vorfreude dazu.

## Genuss geht nicht nebenbei

Wer kennt das nicht: E-Mails checken, während ein Anruf kommt, das Baby füttern, während man kocht und nebenbei die Nachrichten schaut. Hallo, geht's noch? Wir leben mit ständiger Reizüberflutung, Multitasking ist Pflicht, und von uns wird immer mehr Leistung verlangt. Wir haben gelernt, in möglichst kurzer Zeit umfassende Sachverhalte zu verstehen, viele Arbeiten schnell und rationell zu erledigen. Der Begriff Multitasking kommt aus der Technik und bezeichnet die Fähigkeit eines Betriebssystems, mehrere Aufgaben (Tasks) nebeneinander auszuführen. Dabei werden die verschiedenen Prozesse in so kurzen Abständen immer abwechselnd aktiviert, dass der Eindruck der Gleichzeitigkeit entsteht.
In unserem Gehirn sieht es ähnlich aus. Wir machen immer mehr »zugleich« und glauben, dadurch Zeit zu gewinnen. Unser Gehirn kann aber ebenfalls nur eines nach dem anderen bearbeiten. Gleichzeitig empfangene Reize brauchen insgesamt länger für die Bearbeitung als aufeinanderfolgende. Deshalb ist die Gleichzeitigkeit fehleranfällig. Das Einzige, was dagegen hilft, ist die »Entschleunigung«. Eine Orientierung kann uns folgende Lehre aus dem Zen-Buddhismus geben:

Ein Schüler fragte seinen Meister, warum dieser immer so ruhig und gelassen sein könne. Der Meister antwortete:
»Wenn ich sitze, dann sitze ich. Wenn ich stehe, dann stehe ich. Wenn ich gehe, dann gehe ich. Wenn ich esse, dann esse ich …«

Der Schüler fiel dem Meister ins Wort und sagte: »Aber das tue ich auch! Was machst du darüber hinaus?«

Der Meister blieb ganz ruhig und wiederholte wie zuvor: »Wenn ich sitze, dann sitze ich. Wenn ich stehe, dann stehe ich. Wenn ich gehe, dann gehe ich ...« Wieder sagte der Schüler: »Aber das tue ich doch auch!«
»Nein«, sagte da der Meister. »Wenn du sitzt, dann stehst du schon. Wenn du stehst, dann gehst du schon. Wenn du gehst, dann bist du schon am Ziel.«

Ich kenne keine Geschichte, die besser und klarer die Ursachen für unsere tägliche Hektik beschreibt als diese. Wir selbst sind es, die zu unserem Stress ganz erheblich beitragen, nicht nur am Arbeitsplatz, sondern auch in unserer Freizeit. Wie oft kommt es vor, dass wir irgendetwas tun und mit unseren Gedanken schon bei der nächsten Sache sind? Wir sollten einfach mehr im Hier und Jetzt leben, uns auf das Wesentliche beschränken, achtsam mit dem eigenen Körper und im Umgang mit den anderen sein, die Wahrnehmung für Dinge schärfen und im Gleichgewicht mit uns selbst leben.

## Genuss ist individuell

Jeder genießt anderes, es spielen aber auch die Kultur, das Alter, die entsprechende Umgebung und der Zeitpunkt eine wichtige Rolle. Der eine genießt am Sonntagnachmittag einen Mittagsschlaf, der andere hat das Bedürfnis nach Sport. Das Hauptziel ist herauszufinden, was einem wann gut tut. Wichtig ist, dass ich mich selbst kenne und nicht meinem Idealbild nachlaufe. Ich kann sonst unmöglich erkennen, was mir wirklich guttut. Worauf freue ich mich, was macht mir Spaß, bei welcher Gelegenheit vergesse ich Zeit und Raum?

## Genuss ist Maßhalten

Ab und zu auf etwas verzichten fördert den Genuss! Wer nur bis zum Eintritt des Sättigungsgefühls isst oder aber auf bestimmte Lieblingsgerichte kurzfristig verzichtet, wird sie umso mehr genießen können. Verzicht kann aber auch bedeuten, Lebensmittel ausschließlich zu ihrer Erntezeit zu essen. Dann nämlich sind auch alle Aroma- und Inhaltsstoffe optimal ausgeprägt. Verzicht bedeutet also auch, in den Genuss die Vorfreude einzubeziehen.

Immer mehr Menschen wollen im Urlaub zur Ruhe kommen und sich auf das Wesentliche besinnen. Urlaub im Kloster, kombiniert mit Heilfasten, ist ein Angebot, das in diesem Zusammenhang auf wachsendes Interesse stößt. Zum Fasten gehören allerdings auch Bewegung und viel Schlaf. Der Körper soll schließlich zur Ruhe kommen. Nach sechs Tagen ohne feste Nahrung erscheint dann ein einfacher Apfel als Wunder der Schöpfung und wahrhaft lukullischer Genuss. Man muss dazu aber nicht gleich ins Kloster gehen. Ich kann auch daheim, wenn ich mir über diese Mechanismen im Klaren bin, heilfasten oder einfach auf etwas Liebgewonnenes eine Zeit lang verzichten. Die schönste Belohnung ist dann der wahre Genuss.

## Genuss erfordert Erfahrung

Ein Opernfreund genießt eine Oper. Er weiß, wie, wann und wo der Komponist gelebt hat, wie dessen Lebensweg war. Er kennt den Autor, der das Libretto geschrieben hat, und die einzelnen Sänger, ihre Stärken und Schwächen, und kann beurteilen, wie gut sie waren. Man kann natürlich in die Oper gehen, sich das Stück anschauen und sagen, dass es schön war. Man hat aber mehr davon , wenn man weiß, was sich der Regisseur dabei gedacht hat, und Gelegenheit hat, sich mit anderen Opernfreuden auszutauschen.

Weinkenner können das ganz besonders gut. Sie können sich gezielt den Wunsch nach einer Geschmacksnuance erfüllen und den Genuss eines festlichen Essens damit abrunden. Sie wissen nicht nur, was wo dazu passt, sondern auch alles über diesen Wein. Region, Jahrgang, Winzer, Betrieb, Ausbau ... Auch beim Edelbrand gibt es vieles, das man wissen sollte, wenn man ihn genießt. Der Austausch mit einem Destillateur ist ein ganz wichtiger Punkt. Vor allem, wenn der Brenner merkt, der Kunde kennt sich aus, wird er versuchen, seine Philosophie zu erklären. Diesen Brand dann zu Hause zu genießen und daran zu denken, was der Edelbrenner einem alles verraten hat, ist schon ein besonderes Vergnügen.

Eine Entwicklung, die in den letzten Jahren in der Ernährung immer mehr eine Rolle spielt: Man achtet nicht mehr allein auf die Aromen, sondern auch auf das, was sich tatsächlich beim Essen im Mund abspielt. Die Textur oder die Temperatur eines Elements ist ebenso wichtig wie sein Geschmack.

## Genuss ist alltäglich

Wir freuen uns auf ein bevorstehendes Ereignis, und wenn es dann so weit ist, kann die Realität nicht mithalten – wir sind enttäuscht. Dann werden Reisebüros verklagt, Paare trennen sich, und die Erleichterung nach dem vollendeten Projekt will sich nicht so recht einstellen.

So kann's aber nicht funktionieren, denn man kann Genuss nicht aufsparen. Genuss will genossen werden, wenn er da ist. Deshalb sollte man sich jeden Tag einen kleinen »Urlaub« gönnen. Es ist gar nicht so schwer, mit ein bisschen Übung entdeckt man leicht die alltäglichen Freuden und kann sie dann genießen.

# GENUSSBEREICHE

Hier geht es ums Auffinden von Genussinseln, die wir in unseren Alltag einbauen können, man muss sie nur erkennen. Also machen wir uns auf die Suche nach unseren persönlichen Genussmomenten. Zur Belohnung gibt es mehr Gelassenheit und Zuversicht, die uns schwierige Zeiten durchleben lassen, mehr Selbstbewusstsein und vieles andere. Ein paar alltägliche Genüsse habe ich jeweils ans Ende meiner Empfehlungen angefügt. Suchen Sie sich die Rosinen aus dem Kuchen!

## Genuss durch Essen und Trinken

Die wichtigsten Genüsse sind unbestritten Essen und Trinken. Zum einen sind beim Essen bereits alle Sinne miteinbezogen. Ich rieche das gegrillte Steak und schmecke die Gewürze, ich sehe, wie gut es gebraten ist, ich fühle am Gaumen die Zartheit des Fleisches und höre, was der Kellner mir über die Zubereitung erzählt. Zum anderen kommt auch noch das umgebende Ambiente zum Tragen; entweder sind es die Vorbereitungen beim Selberkochen, das Wissen um die Herkunft dieses Fleisches, die Hintergrundmusik, Familie oder Freunde am Tisch oder die Garnierung auf dem Teller. Und anschließend kommt dann das angenehme Sättigungsgefühl, vielleicht noch ein kleiner Edelbrand – und der Genuss ist perfekt.

**Genießen Sie:**

- Glühwein oder Jagatee, wenn Sie durchgefroren sind;
- den Geruch von frischem Brot oder Kuchen beim Bäcker Ihres Vertrauens;
- den Geschmack von selbst geernteten Kirschen, direkt vom Baum;
- frisch gepressten Apfelsaft;
- den ersten Schluck nach großem Durst.

## Genuss durch Kultur und Hobby

Es muss nicht immer das große Kunstwerk sein, das seinem Betrachter Ehrfurcht gebietet, auch das selbst gemalte Bild kann ein Genuss sein. Die Beurteilung der Kunstgeschichte ist für den individuellen Genuss des Augenblicks unbedeutend.

Aber auch Menschen mit zwei »linken Händen« brauchen auf solche Genüsse nicht zu verzichten. Unsere Kulturszene bietet genügend Möglichkeiten, sich zu unterhalten und auch fortzubilden. Museen, Ausstellungen, Theater, Kabaretts, Konzerte der verschiedensten Stilrichtungen. Auch hier gilt, den Augenblick so zu geneißen, dass ich ihn jederzeit aus dem Gedächtnis wieder abrufen kann.

Genießen Sie:

- das Versinken in ein Musikstück;
- den Spaziergang durch einen Skulpturenpark;
- das Klimpern auf der Gitarre.

## Genuss durch körperliches Wohlbefinden

Laut Traditioneller Chinesischer Medizin ist unser Körper ein filigranes Netzwerk von Meridianen. Gibt es irgendwo eine Fehlfunktion, wirkt sie sich oft an einer anderen Stelle aus. Aber auch ohne medizinische Ausbildung können wir erkennen, dass beispielsweise Stress den Blutdruck hebt, Magenschmerzen und Verstopfung zusammenhängen, Verspannungen aggressiv machen. Nur wenn wir im Einklang mit unseren körperlichen Bedürfnissen leben, bleibt die Gesundheit – auch die seelische – erhalten. Doch sind wir umgeben von genuss- und körperfeindlichen Geboten, Stichwort: Schlankheitswahn & Schönheitschirurgie. Wir sollten aber daran denken, dass eine positive Ausstrahlung attraktiver macht, als eine Hungerleiderfigur.

Spüren Sie Ihren Körper, erfreuen Sie sich an seiner

Gesundheit, erleben Sie ganz bewusst Lust und Energie ohne Leistungsstress. Lassen Sie sich treiben und genießen Sie:

**aktiv**

- einen Spaziergang durch den Wald nach dem Laubfall oder im frisch gefallenen Schnee;
- eine durchgetanzte Ballnacht;
- die Gartenarbeit.

**passiv**

- ein frisch bezogenes Bett;
- eine Abkühlung an einem heißen Tag;
- ein kurzes Mittagsschläfchen.

Aber auch eine Krankheit kann zu ganz neuen Genusserlebnissen führen: So ist eine Erkältungskrankheit oft die Folge einer besonders großen Anspannung – der Körper hat durchgehalten, jetzt fordert er Ruhe! Das sollten wir erkennen und dem Körper Entspannung gönnen – und bewusst genießen.

## Genuss und Konsum

Seit der Einführung von Geld als Tauschmittel kann man von Konsum sprechen. Seit den 1970er Jahren gibt es den Begriff »Konsumismus«, der unter anderen von Pier Paolo Pasolini gebraucht wurde, um den Konsum in den westlichen Gesellschaften als übersteigert zu kritisieren. Das Einkaufen – oder Shoppen – ist heute beinahe schon die beliebteste Freizeitbeschäftigung.

Solang ich mir mit Geld das Leben wirklich schöner machen kann, ist alles Ordnung. Ich muss mir aber wirklich klar darüber sein, dass Geld nicht alles ist. Soziologische Studien haben übrigens bewiesen, dass das Glücksgefühl bei Lottomillionären nur etwa drei Monate anhält. Danach pendelt sich das

Glücksniveau wieder bei null ein. Also konzentrieren wir uns darauf, wo das Geld genussfördernd sein beziehungsweise wo Genuss »konsumiert« werden kann, ohne viel Geld auszugeben!

**Genießen Sie:**

- eine Studienreise in ein interessantes Land;
- einen Friseurbesuch;
- Lesungen, Konzerte, Opernaufführungen.

## Genuss und soziale Kontakte

Der Mensch ist ein soziales Wesen. Die Zeit, die wir mit sozialen Kontakten verbringen ist individuell unterschiedlich. Wir alle kennen Phasen, in denen es uns Mühe bereitet, die Kontakte aufrechtzuerhalten. Aber es lohnt sich. Ob bei Familienmitgliedern, Freunden, Arbeits- oder Schulkollegen. Viele Kontakte bilden ein Netzwerk, in dem wir uns wohl fühlen. Sie stärken das Selbstwertgefühl und sind hilfreiche Unterstützer in Notzeiten. Auch das soziale Engagement in einem Ehrenamt oder die Zugehörigkeit zu religiösen Gruppen sind sehr positive Beispiele für gelebte Gemeinsamkeit.

**Genießen Sie:**

- das Durchblättern alter Fotoalben mit den Kindern;
- einen Spielenachmittag mit den Nachbarn;
- den Spaziergang (mit Hund) bei jedem Wetter.

## Genuss und Information

Wir leben in einer Informationsgesellschaft. Der Genuss kann darin liegen, sich vielseitig über ein Thema informieren zu können. Uns allen stehen Zeitungen, Illustrierte, Fachzeitungen, Fachbücher, Internet, Fernsehen, Vorträge und dergleichen zur Verfügung. Die Kunst besteht auch hier darin, die richtigen Medien und die richtige Dosis zu wählen. Neil Postmann hat es in seinem Buch »Wir amüsieren uns zu Tode« auf den Punkt gebracht: Er hinterfragte schon 1985 das Fernsehen, das alle wichtigen Themen, sei es Politik, Kultur, Bildung oder Erziehung, immer im Unterhaltungsstil präsentiert. Auch kritisiert er das »Edutainment«, das Wissenschaft unterhaltsam vermittelt. Ich denke, besser als ein kitschiger Film ist es allemal – das Edutainment.

**Genießen Sie:**

- am Sonntagmorgen das Lesen aller Zeitungen und Magazine der Woche;
- einen tollen Reisebericht auf einem Fernsehkultursender;
- die Lektüre eines Buches über Edelbrände!

## Genuss und Gutes tun

»Geben ist seliger denn Nehmen« – und zwar nicht nur aus Nächstenliebe, sondern auch aus Eigennutz. So macht es oftmals glücklicher, Geld für andere auszugeben als für sich selbst – unabhängig vom Einkommen. Sobald alle unsere Grundbedürfnisse gestillt sind, hat das Einkommen keinen großen Einfluss auf unser Glücksempfinden. Steckt man das Geld weiter in Konsum- und Prestigegüter, wird sich der Grad der Zufriedenheit nicht wesentlich verbessern. Anders ist es bei Aufwendungen für andere Personen. Das hat eine ganz andere glückssteigernde Wirkung, wobei es nicht ausschließlich darum gehen muss, Geld zu spenden. Denn abgesehen von materiellen Gütern, sind es oftmals die menschlichen Kontakte, die zählen.

**Genießen Sie:**

- das Schreiben eines handschriftlichen Briefes;
- als Gastgeschenk einen Erlagschein über eine Spende für einen guten Zweck mitzubringen;

- die ehrenamtliche Tätigkeit bei einer Wohltätigkeitsveranstaltung.

## Genuss durch kleine Erfolge

Bei den Genussregeln sind wir schon einmal auf die Aussage, Genuss komme erst durch Übung, gestoßen. Das trifft wohl nirgends besser zu, als beim Erfolg. Erfolg muss man sich konsequent und hart erarbeiten. Wir dürfen aber nicht nur an die großen Erfolge, wie die Verwirklichung einer Geschäftsidee, denken, nein, auch die kleinen alltäglichen Erfolge wollen genossen werden. Wenn ich nach einer Woche ohne Zigarette noch weiß, dass ich es länger ohne Glimmstängel schaffen werde. Wenn ich einer Freundin einen Rat gebe und merke, dass sie ihn ernst genommen hat. Wann hatten Sie das letzte Mal Erfolg? Wissen Sie nicht? Glaube ich Ihnen gern. Man bemerkt es oft nicht, wenn man Erfolg hatte, der wird fast selbstverständlich hingenommen. Doch wenn etwas nicht geglückt ist, wird es schon eher bemerkt.

**Genießen Sie:**

- das erste kleine Lied auf einem neu erlernten Instrument;
- die Erleichterung, nachdem Sie eine schwierige Situation durchgestanden haben;
- den passenden Beitrag zu einer Diskussion.

# SINNE – SENSORIK

In diesem wichtigen Kapitel möchte ich Ihnen das Verkosten, den richtigen Einsatz der Sinne mit dem Ziel näherbringen, alle Voraussetzungen fürs Genießen zu erwerben. Die Sinne sind unsere Türen zur Umwelt. Wir nehmen sie als Geruch, Licht, Temperatur und Lärm wahr. Der Mensch hat je nach Zähl-

weise 5 bis 13 Sinne zur Verfügung. Für die Sensorik der Lebensmittel benötigen wir das Sehen, Hören, Riechen, Schmecken und Tasten gemeinsam.
Interessant ist, dass sich die meisten Sinnesorgane am Kopf befinden. Das ist damit zu erklären, dass die Nahrungsaufnahme durch den Mund geschieht. Daher war es evolutionär sinnvoll, gleich alle benötigten Sinne dort anzuordnen.
Bei einem gesunden Menschen funktionieren die Sinne im Einklang, man merkt nicht einmal, dass man sie hat. Erst bei verschiedenen (auch kurzfristigen) Funktionseinschränkungen, wenn wir etwa schlecht hören, schlecht sehen oder bei Geschmacksblindheiten, bemerken wir, wie abhängig wir von unseren Sinnesorganen sind.

## Verkosten mit allen Sinnen

Der größere Genuss entsteht, wenn ich meine Sinne bewusst aktiviere und sie ein bisschen trainiere. Genau das werde ich Ihnen nun näherbringen.
Das einfachste Verkostungskriterium für den Konsumenten ist die Empfindung »schmeckt mir« oder eben »schmeckt mir nicht«. Damit hat man bereits das wichtigste Kriterium erfüllt. Will man mehr wissen und sich weiterentwickeln, gibt es ein paar Grundvoraussetzungen. Damit Verkoster ihre Sinne auch wirklich gut für eine Verkostung einsetzen können, müssen sie folgende Punkte beachten:

- klarer Kopf, ausgeruhter Zustand;
- neutraler Gaumen: keine intensiven Speisen und Getränke vorher essen oder trinken;
- richtige Zeit – keine Hektik: genau genommen ist der spätere Vormittag die beste Zeit fürs Verkosten;
- ideales Umfeld – frei von Fremdgerüchen: nicht rauchen und auf Deos oder Parfums verzichten;
- optimales Kostglas: keine farbigen Gläser;

- die richtige Temperatur, damit sich Aroma und Geschmack optimal entfalten können;
- die Reihenfolge beachten;
- zwischendurch nur stilles Wasser trinken und eventuell weißes Brot essen;
- gutes Licht, weiße Tischtücher oder wenigstens weiße Servietten.

## Schmecken

Das Hauptorgan für das Schmecken ist die Zunge. Wir können süß, sauer, salzig und bitter schmecken. Aber es gibt auch noch eine andere Geschmacksqualität, die wir eindeutig schmecken, und zwar Umami. Der Entdecker aus Japan beschreibt den Geschmack mit fleischig, herzhaft und wohlschmeckend. Diese Geschmacksnote ist besonders bei eiweißhaltigen Nahrungsmitteln festzustellen. Träger dieses Geschmacks ist die Glutaminsäure die als Geschmacksverstärker besser bekannt ist. Die Glutaminsäure findet sich in natürlicher Form etwa in vollreifen Tomaten, gut abgelegenem Fleisch, Sojasoße und Parmesan. Der Shiitakepilz ist ein typischer Träger dieses Geschmacks.

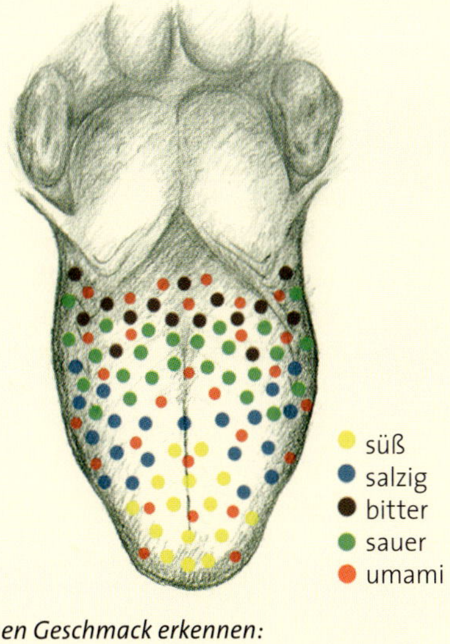


*Mit allen Sinnen Geschmack erkennen: Die Positionen der Geschmacksknospen auf der Zunge*

Aber auch Fett kann man schmecken. In Versuchen mit Mäusen, denen der Rezeptor für Fett weggezüchtet wurde, konnte nachgewiesen werden, dass Fett ein Grundgeschmack ist.
Die Zunge hat verschiedene Papillenarten, Wall-, Blatt- und Pilzpapillen. In ihnen befinden sich die Geschmacksknospen. Sie sind grüppchenweise auf der Zunge angeordnet. Ein neugeborenes Baby hat ungefähr 10.000 Papillen. Im Alter von fünf bis sechs Jahren hat der Mensch seinen Höhepunkt an Geschmacksempfindungen, da das Kind bis dahin alles probiert, was ihm unterkommt. Von da an baut der Mensch in der Regel wieder ab. Als Erwachsener kommt man noch auf 2000, bis ins Alter baut man auf 600 bis 700 Geschmackspapillen ab.
Als Schmecken im weitesten Sinn kann man auch die Eigenschaften wie brennend, scharf, adstringierend, prickelnd, beißend, stechend, kühlend, metallisch bezeichnen. Sie spielen sich im Mund und auch in der Nase ab, gehören aber nicht zu den Grundgeschmäckern oder den Gerüchen. Sie gehören zu den trigeminalen Reizen – eine Art Tastempfindung, die über einen Gesichtsnerv (Nervus trigeminus) übertragen wird. Die Bewertung dieser »Geschmäcker« ist eher ambivalent. Eher positiv bewertet werden sie bei Kren, Chili, Menthol, Kohlensäure oder Zwiebel, eher negativ zum Beispiel bei Ammoniak und Rauch. Natürlich kommt es bei häufiger Reizung zu einem Gewöhnungseffekt. Wer scharf isst, braucht mit der Zeit immer mehr Schärfe, um ordentlich scharf zu empfinden.

## Drei Gruppen von Schmeckern

Grob einteilen können wir die Schmecker in:

### Die Nontasters

Sie haben eine recht geringe Anzahl an Papillen und brauchen sehr starke Reize, um etwas zu empfinden.

Zu dieser Gruppe gehören aber nur zirka 15 Prozent der Bevölkerung. In manchen Fällen kann man auch von Geschmacksblindheiten sprechen, die am häufigsten bei »bitter« vorkommt.

**Die Medium Tasters**

Sie sind durchschnittlich geschmacksbegabt und verfügen über eine ausreichende Zahl an Papillen, um normal dosierte Reize zu erleben. Bei konsequentem Training können sie gute Verkoster werden.

**Die Supertasters**

Sie sprechen auf besonders geringe Reize an und empfinden sauer und salzig häufig überdosiert. Sie haben eine sehr hohe Papillenkonzentration auf der Zunge. Sie meiden oft Speisen, die zu fett und zu süß sind. Bitter mögen sie oft überhaupt nicht. Die positive Folge dieses Essverhaltens ist, dass sie oft nicht nur schlanker, sondern auch fitter und gesünder sind als Normalschmecker. Etwa 25 Prozent unter uns gehören zu dieser Gruppe.

Drei Viertel aller österreichischen Kinder zwischen zehn und 13 Jahren können die Hauptgeschmacksrichtungen nicht mehr voneinander unterscheiden! Eine aktuelle Studie macht die Schnellimbisse, sehr süße Getränke, zu viel Weißbrot und zu wenig Konsum von Obst und Gemüse dafür verantwortlich.
Dabei gehören Geschmacks- und Geruchssinn zur sogenannten »sensorischen Kultur« und zur Genussfähigkeit. Die Funktion der Zunge als Torwächter war für die Menschheit immer schon wichtig: Nur wer schmecken kann, wird einschätzen können, ob ein Lebensmittel in Ordnung oder verdorben ist. Der Studienautor Klaus Dürrschmid regt an, Kinder in Kindergärten und Volksschulen an den Herd zu stellen. So sollen sie laufend mit Lebensmitteln (Grundnahrungsmitteln), Geruchs- und Aromastoffen konfrontiert werden. Die Slow-Food-Bewegung hat dieses

Problem bereits aufgegriffen und veranstaltet Kochkurse für Kinder in Schulen, und auch Gemüsegärten in Schulen werden von Slow Food initiiert.

## Übung Schmecken

Sollten Sie Lust haben, Ihren Gaumen zu testen, so ist das ganz einfach. Sie brauchen dazu ganz kleine Mengen an Zucker, Salz und eventuell Zitronensäure. Pro Liter Wasser brauchen Sie etwa 1,5 g Salz, 6g Zucker und, wenn vorhanden, 0,4 g Zitronensäure. Wenn Sie keine Waage im Zehntel-Gramm-Bereich haben, nehmen Sie einen gehäuften Kaffeelöffel Zucker und eine Löffelspitze Salz. Jeweils zuerst in etwas warmem Wasser auflösen, dann in die restliche Wassermenge einrühren. Für das anspruchsvollere Training einfach die Wassermenge verdoppeln oder auch verdreifachen. Sollten Sie auch Zitronensäure zu Hause haben, einfach das Gleiche machen, aber nur eine zarte Löffelspitze voll. Die Substanzen für Bitter und Umami (Natriumglutamat) erhält man in den Apotheken, für die ersten Versuche sind sie jedoch nicht unbedingt nötig. Jetzt füllen Sie alle Lösungen in Flaschen oder Gläser und beschriften sie am Boden. Eine Flasche mit Wasser dazwischen stellen, das macht die Verkostung erst richtig spannend! Los geht's, testen Sie selbst, wie gut Ihr Geschmackssinn ist! Erkennen Sie in den Lösungen nichts, einfach mehr dazugeben, wenn Ihnen das Identifizieren leicht fällt, noch etwas verdünnen. Das Experiment können Sie auch mit Apfelsaft, Wein oder Edelbrand versuchen. Es wird immer schwieriger!

## Schwellenwerte

Erreicht die gustatorische Konzentration einen gewissen Schwellenwert, leiten diese die Information in einen elektrischen Impuls um und über die Nervenfasern in der Zunge ans Gehirn weiter. So können wir

erkennen, ob ein Nahrungsmittel süß, sauer, bitter, salzig oder eben umami schmeckt. Wenn auch nur wenige Personen gemeinsam diese Übung machen, so wird beim Zuordnen und Erkennen kaum das gleiche Ergebnis herauskommen. Denn die Schwellenwerte sind bei jedem etwas anders.
Aber Achtung: Auch der Geruchssinn spielt eine wichtige Rolle.

## Riechen

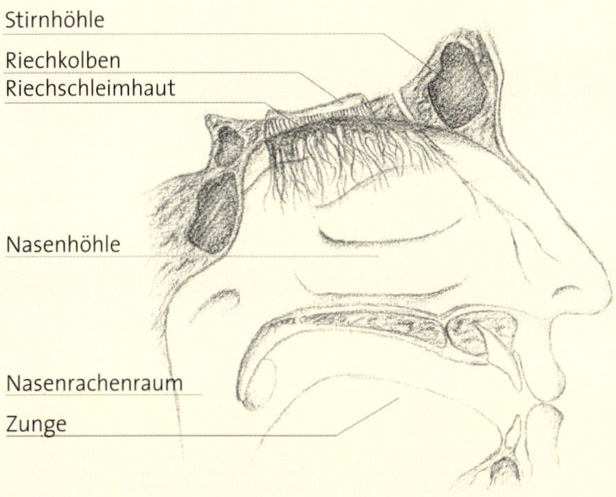


***Bis zu 10.000 verschiedene Gerüche unterscheiden: Querschnitt durch Nase und Rachen***

Der Geruchssinn ist ein wesentlich komplexerer Sinn. Das Gehirn entscheidet, welche Gerüche wir uns merken. Dabei spielen die individuelle Gefühlswelt und das Erinnerungsvermögen die größte Rolle.
Mit der eingeatmeten Luft werden flüchtige Geruchspartikel aufgenommen und auf die Geruchsschleimhaut transportiert – entweder direkt durch die Nase oder beim Kauen und Schlucken retronasal im Rachenraum (l'arôme en bouche – Mund-Aroma). Dabei docken die Geruchsstoffe in der Nasenhöhle an den Rezeptoren, den Flimmerhärchen am Riech-

kolben, an. Danach erfolgt die Mitteilung an das Gehirn. Die Information wird direkt in das Stammhirn geleitet und kann vieles beeinflussen. Motivation, Stimmung, Erinnerung, Kreativität, Erregung, Sympathie oder Abneigung; auch Herztätigkeit, Atmung und Verdauung können beeinflusst werden. Jeder hat es schon einmal erlebt, dass ein guter Geruch die Laune schlagartig verändern kann. Das liegt daran, dass Gerüche direkt im Hirn landen und nicht vorher gefiltert werden.

Durch die Verbindung der vielen Rezeptoren mit verschiedenen Geruchsstoffen ergeben sich unzählige Möglichkeiten. Bis zu 10.000 verschiedene Gerüche kann der Mensch unterscheiden. Ein Rezeptor ist ein Membranprotein auf der Zelloberfläche, das nach Kontakt mit einem speziellen Stoff Reaktionen und Signale in der Zelle auslösen kann. Beim Kontakt mit »seinem« spezifischen Geruchsmolekül wird er aktiviert und gibt so das Signal weiter – ganz ähnlich einer Taste, die gedrückt wird. Das dabei entstehende Signal wird direkt zum Gehirn gesendet. Es ist aber meist nicht nur eine Geruchsverbindung, sondern eine Kombination vieler Gerüche, die wir mit einem Lebensmittel in Verbindung bringen:

- Rindfleisch, gebraten, ohne Gewürze, besteht aus 340 Verbindungen;
- Kakao aus 557 Verbindungen;
- Bier aus 624 Verbindungen und
- Wein aus etwa 800 Verbindungen.

Wenn man die zahlreichen Verbindungen betrachtet, die ein Aroma ausmachen, versteht man auch schnell, warum es so große Geschmacksunterschiede bei ein und demselben Produkt geben kann. Lage, Bodenbeschaffenheit, Sorte, einfach die ganze Umwelt prägen unsere Lebens- und Genussmittel.

Beim normalen Riechen kommen nur zirka fünf Prozent der Luft mit der entfalteten Geruchssubstanz

zur Riechschleimhaut. Durch Schnüffeln – dadurch wirbelt die eingeatmete Luft öfter am Riechkolben vorbei – kann man auf zirka 20 Prozent kommen, was das Erkennen leichter macht. Die Aromen werden von Edelbrand-Verkostern in primäre, sekundäre und tertiäre Aromen eingeteilt. Die primären Aromen sind die Aromen, die wir von der Frucht her erkennen (sollten). Die sekundären Aromen entstehen in Verbindung mit der Gärung. Tertiäre Aromen entwickeln sich erst durch eine längere Lagerung.
Die Flüchtigkeit von Aromastoffen ist sehr temperaturabhängig. Daher schmeckt uns eine heiße Hühnersuppe besser als eine lauwarme. Üblich war bei Edelbränden das Kühlen der Brände und manchmal sogar das Einfrieren der Gläser. Das Einzige, was man damit erreicht, ist, Fehler zu verstecken, die Entfaltung der Aromen fördert man dadurch nicht!
Bei den Weinen ist es ähnlich – nur dass die Aromen leichter flüchtig sind und wir sie schon im eher kühlen Bereich wahrnehmen. Bei Weißwein schon ab acht bis zehn Grad, abhängig von den jeweiligen Sorten.
Wir riechen aber nicht nur mit unserer Nase, sondern auch über den Rachen (retronasales Riechen). Beim Essen und Trinken steigen die Duftstoffe über den Rachen in die Nase. Dieses aromatische Schmecken wird oft der Zunge zugeordnet, ist aber ausschließlich eine Leistung der Nase!

## Wie gut wir riechen

In Österreich werden 2,6 Millionen Hektoliter Wein jährlich erzeugt.
Wussten Sie, dass Trichloranisol – das ist ein chlorhaltiger, aromatischer Kohlenwasserstoff von intensiv schimmlig-muffigem Geruch – in der Menge von einem Streichholzkopf die gesamte österreichische Weinproduktion vernichten könnte. Da soll noch einer sagen, wir riechen nicht gut! Wie wichtig die Nase für den Menschen immer schon war, bezeugen

die vielen Sprichwörter, die wir in diesem Zusammenhang verwenden:

- Mir stinkt's;
- das ist anrüchig;
- verdufte endlich!
- Es stinkt zum Himmel;
- ich kann ihn/sie nicht riechen;
- finden Sie weitere ...

## Übung Riechen

Das Geruchsgedächtnis kann man sehr gut schulen. Am einfachsten ist es beim Kochen. Hier verwenden wir viele verschiedene Kräuter und Gewürze, ich muss nur bewusst hinriechen. Auch Aroma-Öle für Duftlampen und Sauna finden sich in fast jedem Haushalt. Mit Alufolie die Fläschchen einwickeln, am Boden nummerieren und Index erstellen. So kann man spielend üben. Sehr gut funktioniert das Üben mit einem Geruchskasten wie »Le Nez du Vin«, das ist schon ganz professionell. In diesen Kästen werden auch Zusatzinformationen zu den Düften und darüber, wo sie zu finden sind, gegeben.

## Übung mit Nasenklammer

Sportler und Schwimmer verwenden gelegentlich Nasenklammern. Solche sind für diese Übung praktisch, es geht aber auch mit einfachem Nasezuhalten mit einer Hand.
Richten Sie sich eine Mischung aus Zimt und Zucker, ein kleines Stück Schokolade, Suppe und einen Saft her. Lustiger ist es, wenn man diese Dinge blind gereicht bekommt, man kann die Übung aber auch allein machen. Nase zuhalten und der Reihe nach die Geschmäcker probieren. Die Nase muss ganz dicht sein! Immer bei geschlossener Nase die Probe in den Mund nehmen, am Gaumen den Geschmack ausbreiten

lassen und am Anfang des Schluckvorgangs die Nase aufmachen. Zuerst kann man nur süß, sauer und salzig schmecken, ab dem Moment, wo die Nase offen ist, kann man erst die Aromen erkennen. Der Grund ist, dass plötzlich die Luft wieder durch die Nase in den Rachen durchströmen kann und so Geruchsstoffe an die Riechschleimhaut gelangen können.

## Variationen

Da Sie jetzt den Unterschied zwischen schmecken und riechen kennen, wird es Ihnen möglich sein, weiter den Geruchssinn zu trainieren. Verwenden Sie verdünnten reinen Alkohol zirka 40 Prozent oder Wodka oder stilles Wasser. Versehen Sie die Flüssigkeit mit einer entsprechenden geringen Dosis von Aromen aus der Küche:

- Zitrone, Apfel, Pfirsich, Grapefruit, Birne: Drei Stunden ziehen lassen;
- künstliche Fruchtaromen: Ein paar Gummibärchen gleicher Farbe ansetzen;
- Pfeffer, Zimt, Nelken, Vanille: Im Mörser zerkleinern und ansetzen;
- seien Sie selbst kreativ!

Unser Gehirn ist nicht darauf trainiert, Gefühle oder Gerüche zu beschreiben. Deshalb fällt es manchen recht schwer, Aromen, die man kennt beziehungsweise erkennt, zu benennen. »Es liegt mir auf der Zunge«, höre ich fast jedesmal von einem Teilnehmer, einer Teilnehmerin in meiner Genuss-Schule. Dieses »Auf-der-Zunge-Liegen« lässt sich gut wegtrainieren. Mit der Übung lernt das Gehirn aber, die Gerüche zuzuordnen, und kann sie benennen. Es ist ähnlich wie beim Lernen von Vokabeln, es geht mit der Zeit immer besser, aber wir verlernen es auch sofort wieder, wenn wir es nicht brauchen. Doch Übung macht den Meister.

## Hören

Bereits im Mutterleib reagieren Babys auf Geräusche. Später können wir uns mehr oder weniger freiwillig unsere Geräuschumgebung selbst gestalten. Der Einfluss der Musik auf unser Gefühlsleben sollte nicht unterschätzt werden. Lautstärke, Tonhöhe, Melodie und Tempo können sich unterschiedlich auswirken.
Wahrgenommen werden Schall, Geräusche, Töne und Klänge. Wichtig sind auch Entfernungshören und Richtungshören. Beim Verkosten spielt das Hören nur eine kleine Rolle. Wir hören höchstens die Gläser klingen und den Korken knallen und freuen uns schon auf den bevorstehenden Genuss. Aber auch die Sprache gehört im weitesten Sinn zum Gehör. Was wäre eine Verkostung ohne Fachgespräche und Kommentare, sie könnten ohne Gehör nicht geführt werden.
In der Lebensmittelsensorik spielt das Hören nur beim Hineinbeißen in einen Apfel, ein Radieschen oder in Chips eine Rolle. So können wir die Qualität, die Frische feststellen. Beim Klopfen auf das Brot erkennen wir den Garzustand.

## Sehen

Sehen ist die Wahrnehmung von visuellen Reizen wie Helligkeit, Farbe, Kontrast, Linien, Formen und Gestalt, Bewegung und Räumen.
Wir sind ständig von Farben umgeben. Ob wir uns in Räumen aufhalten, im Freien spazieren gehen oder in der Früh die Kleidung für den Tag aussuchen. Die Wirkung der Farben kann unsere Stimmung stark beeinflussen. Vereinfacht können die Farben in aufmunternde (Gelb bis Rot) und ausgleichende (Blau, Grün, Violett, Braun und Beige) eingeteilt werden. Bewusst eingesetzt können sie Stimmung und Geschmack ausgleichen.
Die Farben unserer Lebensmittel sagen viel über das Produkt, die Frische und den Geschmack aus. Darum

werden industriell hergestellte Lebensmittel auch gefärbt. Eine falsche Farbe und der Orangensaft wird nicht mehr als solcher erkannt. Die Farbe fungiert im Gehirn sogar als Geschmacksverstärker. So hat ein natürliches Erdbeerjoghurt »nicht so viel Geschmack« wie ein eingefärbtes.

Für das Verkosten ist das Auge sehr wichtig! Wir können viel über den Edelbrand/Likör und dessen Qualität voraussagen, denn Farbton und Intensität der Farbe verraten uns, wie alt der Likör ist (Oxydationen). Trübungen deuten auf unerwünschte Inhaltstoffe hin, und schwenkt man das Glas, so können dick- oder dünnflüssige Schlieren entstehen. Dies weist auf den Alkoholgehalt des Getränks hin. Bei holzgelagerten Bränden erkennen wir die Intensität des Holztones.

Voraussetzung dafür ist allerdings, dass man eine rein weiße Unterlage oder wenigstens eine weiße Serviette hat. Die Gläser sollten eine optimale Form haben und nicht getönt sein. Und Kerzenlicht, so romantisch es auch sein mag, ist für das Bewerten zu wenig – fürs reine Genießen perfekt!

Wie gut wir uns auf unsere Augen verlassen können, sollen folgende Beispiele zeigen, denn das Auge ist ein Sinn, der uns gern Streiche spielt, wie das folgende Beispiel zeigt: Einfach draufloslesen, auch wenn's vorerst komisch ausschaut!

**Afugrnud enier Sduite an enier Elingshcen Unvirestiät ist es eagl, in wlehcer Rienhnelfoge die Bcuhtsbaen in eniem Wrot sethen, das enizg Wcihitge dbaei ist, dsas der estre und lzete Bcuhtsbae am rcihgiten Paltz snid. Der Rset knan ttolaer Bölsdinn sien, und du knasnt es torztedm onhe Porbelme lseen. Das ghet dseahlb, wiel wir nchit Bcuhtsbae für Bcuhtsbae enizlen lseen, snodren Wröetr als Gnaezs.**

## Tasten

Bereits in der achten Woche im Mutterleib sind beim Embryo die Sinneszellen für den Tastsinn entwickelt, das Fühlen von Hautreizen ist also die erste Sinnesqualität, die ein Mensch in seinem Leben kennen lernt. Auch für das neugeborene Kind spielt der Tastsinn beziehungsweise das Fühlen eine weitaus wichtigere Rolle als beispielsweise Sehen und Hören: Mit Hand und Mund erkundet es zuerst seine Umwelt. Zu Beginn des Lebens erschließt uns der Tastsinn die Welt und lässt sie uns »begreifen«. Die Wahrnehmung des Tastsinns erfolgt über Mechano-, Thermo- und Nozirezeptoren. Ihre Dichte ist an der Zungenspitze und im Bereich der Fingerbeere am größten, was eine Differenzierung feiner Strukturen ermöglicht. Die Haut des Rückens hat die geringste Rezeptorendichte. Der Tastsinn erlaubt es dem Gehirn, Berührungen, Druck und Temperaturen zu lokalisieren und zu bewerten, wobei die Aufnahmekapazität pro Sekunde etwa eine Million Bit beträgt. Wir können eine Oberfläche fühlen, Gewicht abschätzen, Konsistenz spüren. Mit Handschlag und Kuss bauen wir Beziehungen zu unseren Mitmenschen auf.

Der Tastsinn ermöglicht es, in vielen Situationen reflexartig zu reagieren, so zum Beispiel bei Verbrennungsgefahr. Laut den neuesten Studien der Universität British Columbia in Vancouver hören Menschen nicht nur mit den Ohren, sondern auch mit der Haut: Hat er »Papa« oder »Baba« gesagt? Der Laut »pa« geht mit einem Luftstoß einher, »ba« aber nicht. So registriert der Tastsinn Luftstöße, die beim Aussprechen bestimmter Buchstaben produziert werden. Nur so kann das Gehirn zwischen manchen Lauten unterscheiden. Diese Information nutzt das Gehirn und ergänzt den Hörsinn. Der ist damit also alles andere als die Leistung eines einzelnen Sinnes, schließen die Forscher.

Bei der Bewertung von Lebensmitteln spielt das Mouth-Feeling eine große Rolle. Es fasst alle Eindrücke vom ersten Kontakt mit den Lippen über das Zerkauen bis zum Schlucken und den Nachgeschmack zusammen. Wie fühlt es sich im Mund an? Wie angenehm schmilzt die Schokolade in meinem Mund? Die Qualität des Fleisches lässt sich beim Kauen beurteilen – ist es zäh, fest, trocken, elastisch oder zart? Eiscreme schmeckt mehr oder weniger cremig, der Apfel soll saftig und knackig sein. Ist der Sterz (Polenta) weich oder körnig, der Kaugummi klebrig und zäh, sind die Gummibärchen elastisch und bissfest, ist die Rinde rau, fest oder trocken? Smoothies sind ganz weich und enthalten kein Körnchen, Chips müssen wiederum knusprig, leicht zerbrechend sein. All das können wir mit dem Mund ertasten. Das Mouth-Feeling wird mit Zusatzsoffen wie Verdickungsmitteln, Quellmitteln und Emulgatoren dahingehend bearbeitet, dass es uns als Konsumenten schmeckt.

Spannend fürs Genießen ist es, wenn man kontrastreiche Lebensmittel miteinander verbindet. Die Kontraste kann man grob in schmelzend, kross und nachhaltig einteilen. Zu schmelzend gehören Gelees, Joghurt, Schlagobers, Butter oder Speiseeis, kross sind rohes Obst und Gemüse, geröstetes Brot, frittierte Kräuter, Strudelblätter oder geröstete Speckstreifen. Als nachhaltig wird etwas bezeichnet, wenn es einen langen Nachklang im Rachen hinterlässt. Das empfinden wir bei Nüssen, Karamell, Wurst, Fleisch, Meeresfrüchten – und Edelbränden.

# VOM GEIST IN DER FLASCHE

# Entwicklung der Destillation

## Die Geschichte vom Geist, der Geist der Geschichte

Dass wir heute auf hochmodernen Destillationsanlagen unsere Edelbrände herstellen, ist nicht selbstverständlich und hat eine lange Vorgeschichte. Sie ist eng mit der Entwicklung des Heilens aber auch mit dem Genießen verbunden.

Die Anfänge scheinen wie so oft in der Menschheitsgeschichte zufällg gewesen zu sein. Ein Destillat ist im Grunde nichts anderes als ein Kondensat – eine verdampfte Flüssigkeit, die wieder zu Flüssigkeit wird. Die asiatischen Steppenvölker tranken eine vergorene Stutenmilch, den Kumyss. Erwärmten sie den Kumyss, so schlug sich der Dampf an den kalten Innenwänden der Jurten nieder und konnte so von dort als der Geist abgeschleckt werden. Dieser Steppenbrand-Dampf ist sozusagen der Urvater aller Destillate.

Aristoteles (zirka 300 v. Chr.) war offensichtlich der Erste, der die großen Zusammenhänge beobachtete. Er erkannte, dass die Sonne das Wasser verdampfen lässt, der Dampf sich zu Wolken formt und dass die Wolken, wenn es kühler wird, abregnen, was im Grunde nichts anderes ist als ein Destillationsvorgang. Wenn man so will, basiert das ganze Leben und die Entwicklung auf der Erde nur auf dem Prinzip der Destillation. Aristoteles beschrieb auch als Erster die Möglichkeit, die Seefahrer auf hoher See anwendeten, um zu Süßwasser zu kommen. Die Griechen waren in der Antike bereits ein Volk von Seefahrern, das damals vermutlich auch schon bis Mittel- und Südamerika gelangte. Die Seefahrer erhitzten das Meerwasser. Unter einer Abdeckung befestigten sie

*Historische Quetsche zum Zerkleinern des Obstes und historische Brennerei*

einen Wollschwamm. Dieser wurde nach dem Erhitzen ausgedrückt, und heraus kam salzloses Wasser. Er beschrieb auch schon die Möglichkeit des Weinbrennens – wenngleich er noch nichts davon hatte! Die Griechen versuchten, ihren Wein durch Kochen etwas einzudicken und süßer zu machen. Der entweichende Alkohol war entflammbar und eine Sensation für Gaukler und Magier. Leider kam damals keiner auf die Idee, den Dampf abzukühlen – eigentlich schade!

Eine sehr alte Variante ist auch die »Destillation durch Absteigen«. Ein Topf wird in der Erde vergraben, ein Sieb mit dem zu destillierenden Material – Blüten, Rinde, Blätter – daraufgegeben. Dann wird der Topf mit einer dichten Abdeckung, die alle Teile fugenlos verbindet, verschlossen. Über der Abdeckung wird ein Feuer entfacht. Das zu destillierende Gut beginnt zu schwitzen und kondensiert am Boden des unteren Gefäßes. Jetzt braucht man alles nur noch auszugraben. So wurden Arzneien oder auch Duftwässerchen hergestellt. Der arabische Kulturkreis kannte zirka 600 n. Chr. die Herstellung von zehn verschiedenen Düften. Auch gab es in Bagdad um diese Zeit die erste Apotheke. Die Herstellung der Gefäße wurde schließlich weiterentwickelt. Waren es anfänglich nur irdene Behälter, so konnten die Araber bereits kunstvolle Glasbehälter herstellen.

Der Begriff Alkohol könnte sich vom Namen des berühmten arabischen Wissenschaftlers und Arztes namens Al-Razi oder aber vom Wort »Al-Kuhul« ableiten, was auf Arabisch so viel wie weiße Reinheit heißt.

Die Alexandriner versuchten sich mit der ersten Wasserbad-Brennerei »balneum mariae«. Sie konnten damit schon dosiert erwärmen, für Duftextrakte war es ausreichend, aber für das Destillieren von Alkohol noch nicht.

Als um die erste Jahrtausendwende die Schwefel- und Salpetersäure und vor allem der Trinkalkohol (Ethanol) entdeckt wurden, gewann die Destillation erheblich an Bedeutung und in der frühen Neuzeit wurde begonnen, die Destillation für medizinische Zwecke einzusetzen. So verfasste der Arzt Hieronymus Brunschwig 1512 »Das Buch der wahren Kunst zu destillieren«, ein umfangreiches Werk von mehr als 600 Seiten, das Rezepte zur Herstellung pflanzlicher Extrakte sowie Vorschriften zur Anwendung im Krankheitsfalle enthält. Die in zahlreichen Holzschnitten dargestellten Beschreibungen mit dem Einblick in die Laboratoriumstechnik stellt ein beliebtes Nachschlagwerk für Ärzte und Apotheker dar.

Bis ins 16. Jahrhundert wurde hauptsächlich Wein ausgebrannt. In den Regionen Süddeutschlands und Österreichs wurde auch Obst gemaischt und gebrannt. Zu Beginn des 16. Jahrhunderts entdeckte man, dass durch spezielles Aufbereiten und gezieltes Zusetzen von Hefen auch Getreide gebrannt werden kann. Das war natürlich eine Revolution. Auf einmal konnte man fast überall und jederzeit – Getreide wächst überall und lässt sich lang lagern – brennen. Damit wurde der »Brandtwein« – er wurde nach wie vor so genannt – billiger und leichter verfügbar.

In der Folge wurde das Monopol des Brennens für Klöster und Apotheken aufgehoben und eine »Blasensteuer« eingeführt. Diese Steuer, die bis heute besteht, wurde »zum Schutz der Bevölkerung« eingeführt, angeblich um zu verhindern, dass die Menschen zu viel Alkohol trinken.

Das 16. und 17. Jahrhundert waren geprägt von Kriegen (Dreißigjähriger Krieg) und Seuchen (Typhus, Ruhr, Cholera). Für diese Zeit sind die ersten bäuerlichen Brennereien dokumentiert. Als Rohstoff wird nun auch noch die Kartoffel verwendet. Die Bauern verkauften ihren Brand in der Stadt. Da die Qualitäten sehr unterschiedlich waren, wurden die Brände von speziellen Destillateuren meist nochmals gebrannt. Diese bereiteten unter Zusatz von Zucker oder Honig auch erstmals Julep – später Likör genannt – zu.

Die Kunst des Brennens verbreitete sich sehr weit in Europa und entwickelte sich überall unterschiedlich. In Österreich und Süddeutschland gab es zunehmend Obstbrände. In Tirol entdeckte man die Wurzeln, zum Beispiel die des gelben Enzians. Die Seefahrervölker tranken hauptsächlich Rum, die Schotten Whisky, die Engländer entdeckten den Gin. Die Franzosen brennen heute noch sehr viel Wein, die Italiener verwerteten die Trester von der Weinerzeugung zu Grappa. In Russland und Polen gibt es den anfangs aus Kartoffeln erzeugten Wodka, und Absinth, ein Kräuteransatzschnaps, wurde ursprünglich in der Schweiz als Heilelixier erfunden.
Die Brenntechnik verbesserte sich zwar hinsichtlich Heiz- und Kühltechnik und Materialien, doch das Grundprinzip mit »Rohbrennen« und »Feinbrennen« blieb sehr lang erhalten.
In der jüngeren Geschichte des Brennens kamen dann Kessel mit Wasserbad, Kühlungen, die an Wasserleitungen angeschlossen sind, und elektrische Rührwerke dazu. Erst im letzten Jahrzehnt begann sich in der bäuerlichen Brennerei das Kolonnenverfahren oder Verstärkerbrennen durchzusetzen. Dieses Verfahren gab es lange nur in Laboratorien oder Raffinerien.

## Soziale Komponente des Spirits

Dass der destillierte Alkohol anfangs ein Segen für die Menschheit war, ist unumstritten. Er war ein Allheilmittel. Der Gründer der medizinischen Schule in Bologna, Thaddaeus Florentinus (ca. 1215 bis ca. 1303) spricht von seinem »aqua vitae composita«, dem verstärkten Brand, von der »Königin, Mutter, Herrin aller Heilmittel«. So großartig war es dann doch nicht – das wissen wir heute.
Bald schon begannen die Probleme, die der Alkoholkonsum mit sich bringt. Ab der Zeit, in der das Monopol der Klöster und Apotheken fiel, wurde wesentlich

*»Königin, Mutter, Herrin aller Heilmittel«:*
*Alkoholkonsum bei einem Hochzeitsmahl mit Gauklern*
*(aus: Heinrich von Veldeke, Äneis, Schwaben, 1474)*

mehr gebrannt – und getrunken. Und spätestens mit der Herstellung des Getreidebrandes gab es die ersten Alkoholiker. Die Einwände der Kirche, dass Kornbrennen – statt Brotbacken – sündhaft wäre, halfen nicht viel. Etwas effizienter war da schon die Einführung der bereits erwähnten »Blasensteuer«.

Besonders groß war dieses Problem im England des 18. Jahrhunderts. Die Produktionsflächen in der Neuen Welt führten zu einem Getreidepreisverfall. Der Überschuss wurde zur Herstellung von Gin verwendet. Dieser fand in den Armenvierteln Englands dankbare Abnehmer. Zeitweise kostete die Kalorie Gin weniger als die Kalorie Brot! Das führte dazu, dass die Regierung hohe Steuern auf Gin einführte und Händlerlizenzen ausgab. Aus dieser Zeit stammen die ersten Aufzeichnungen über Folgeerkrankungen des Alkoholkonsums und die gesellschaftlichen Probleme, die daraus entstanden.

In jedem Kulturkreis entwickelten sich unterschiedliche Regeln. Sie beinhalten, wer was in welcher Menge trinken darf, zu welchen Anlässen getrunken wird, mit wem, bei welchen Zeremonien ... Diese waren oft schriftlich festgelegt, manche waren einfach ungeschriebene Gesetze.

*»Gift der Gesellschaft«: Der Kellermeister aus einem Hofämterspiel, Holzschnitt, südwestdeutsch um 1450*

Alle Regeln verbindet aber der soziale Aspekt, das gemeinsame Trinken und Teilen; wer allein trinkt, gerät in den Verdacht, ein Alkoholiker zu sein. Auch das Trinken an besonderen Festtagen ist überall gestattet. Soziologen unterscheiden zwischen integrierter und ambivalenter Trinkkultur. Integriert bedeutet, dass auch ohne Anlass, über den ganzen Tag verteilt, getrunken wird (wie Wein in Frankreich). Bei der ambivalenten Trinkkultur ist der Alkohol zwar akzeptiert, wird aber nicht ohne Anlass getrunken. In der islamischen Gesellschaft ist der Alkohol zum Beispiel nach wie vor nur als Medizin erlaubt.

Eine besondere Stellung nehmen die USA ein. 1917 setzte die Antialkohollobby das totale Verbot für Al-

kohol in der Verfassung durch. Die Produktion vom »Gift der Gesellschaft« stagnierte.
Herstellung und Handel mit Produkten, die mehr als 0,5 Prozent Alkohol enthielten, waren fortan verboten. Althergebrachte Sitten von großen Bevölkerungsteilen wurden kriminalisiert. Man versprach sich von dem Verbot einen »heilsamen gesellschaftspolitischen Effekt«, der allerdings ausblieb. Zwar verringerte sich zuerst der Alkoholkonsum um zirka 40 bis 60 Prozent. Die Kriminalisierung führte allerdings zu steigenden Preisen, was bewirkte, dass Finanzschwache nur billige, häufig unreine Getränke konsumierten, die stark gesundheitsschädigend waren. Für die 1920er Jahre wird die Zahl der an Vergiftungen infolge von Alkoholkonsum Verstorbenen (nicht an den Langzeitfolgen!) auf 35.000 geschätzt. Das organisierte Verbrechen entstand erst mit der Prohibition und erwirtschaftete enorme Gewinne. 1933 wurde die Prohibition wieder aufgehoben.
Die Frauen waren beim Alkoholkonsum immer zurückhaltender oder mussten es vielmehr sein. Es waren nur die »leichten Mädchen«, die sich am Brand versuchten. Die Damen der Gesellschaft tranken höchstens Wein. Erst der Absinth war die erste hochprozentige Spirituose, die Damen in der Öffentlichkeit trinken durften. Heute weiß man, dass Frauen um ein Drittel weniger Alkohol vertragen als Männer, und darauf nimmt man Rücksicht. Aber sonst ist die Emanzipation in Sachen Alkohol voll abgeschlossen. Sie geht so weit, dass ein beträchtlicher Teil der Schnapsbrenner Frauen sind. Zwar stehen wenige mit ihren Namen auf dem Etikett der Flasche, aber fragt man den Brenner, wer wirklich am Kessel sitzt, lautet oft die Antwort: meine Frau! Ich behaupte, die Frauen sind wesentlich geduldiger beim Brennen, und auch in der Sensorik, die für das Abtrennen wichtig ist, sind sie ganz vorn dabei.

## Typische Brände unserer Regionen

Österreich ist ein Land der Fruchtbrenner. Hierzulande wurden schon seit jeher Äpfel, Birnen und Zwetschken gebrannt. In Tirol durfte ausnahmsweise auch Getreide – mangels Obst – gebrannt werden. In manchen Bergregionen kommen die Wurzelbrände noch dazu. Whisky und Brände aus exotischen Früchten kamen allerdings erst in den letzten Jahren in Mode und sind natürlich nicht »typisch österreichisch«. Ich beschränke mich in diesem Kapitel auf die traditionellen Obstarten, die in Österreich wachsen und verarbeitet werden. Bewusst habe ich die wissenschaftlichen Namen angeführt, damit die Zuordnung der unbekannteren zu den bekannten Arten leichter fällt.
Zur Gruppe der Rosaceae gehören alle Kern- und Steinobstarten sowie die Sorbus-Arten, die wir als Parkbäume kennen. Bei den Beeren handelt es sich um Früchte, die entweder echte Beeren sind, wie Ericaceae- und Ribes-Arten, oder auch Sammelnüsse und Sammel-Steinfrüchte bei den Rosaceae, die landläufig als Beeren bezeichnet werden (Erdbeeren, Himbeeren, Brombeeren, etc. ).

### Apfel

Der Apfel (Malus domestica) ist sehr robust und in fast allen Regionen Österreichs beheimatet. Er ist sehr gut lagerfähig und wird in großen Apfelregionen sortenrein gebrannt. Bei manchen Sorten hat das durchaus Sinn, wie beim Gravensteiner, bei der Rubinette oder dem McIntosh. Sie haben besondere Merkmale im Duft, die man gut unterscheiden kann. Auch lokale Spezialsorten, wie der Lavantaler Bananenapfel oder die Ilzer Rose, sind gut unterscheidbar. Andere Apfelsorten können nur von geübten Profis geschmacklich erkannt werden. Deshalb wird der Apfelbrand meist ohne besondere Sortenbezeichnung verkauft.

Ein guter Edelbrand duftet nach frisch geriebenem Apfel, er kann leicht grün und grasig riechen, sollte am Gaumen Kraft und Reife spüren lassen. Kräftige Apfelbrände passen auch in Eichenfässer, da das Vanille-Aroma, das das Eichenholz abgibt, gut mit dem Apfel harmoniert. Ein beliebtes Produkt ist der Apfelweinbrand im Eichenfass. Am bekanntesten ist der Calvados, der Name ist allerdings für die Normandie ursprungsgeschützt.

## Birne

Auch die Birnen (Pyrus communis) werden meist sortenrein gebrannt. Es gibt mehrere lokale Spezialsorten, doch über allen steht die Williams-Christ-Birne. Sie ist die beliebteste für Edelbrände und wird auch von weniger geübten Genießern wiedererkannt.
Der Williams-Edelbrand duftet intensiv nach Birne, von leichten Zitrusnoten bis fast marmeladig. Andere Birnensorten können durchaus leicht grasige und würzige bis robust pfeffrige Noten haben.
Der Reifegrad der Birne beim Ernten beziehungsweise beim Einmaischen entscheidet darüber, wie leicht (eher grüne Birnen) oder kräftig (reife Birne) der Edelbrand wirkt. Bei den Williamsbirnen müssen wir den Erntezeitpunkt und den Einmaischzeitpunkt unterscheiden. Da die Williamsbirnen nicht gleichzeitig reifen, aber die ersten Früchte leicht vom Baum abfallen, sollten sie rechtzeitig geerntet werden. Damit

sie bis zum Einmaischen eine gleichmäßige Reife aufweisen, werden sie in einem abgeschlossenen Raum nachgelagert. Durch das sich entwickelnde Äthylen – ein Reifungsgas – werden die weniger reifen Birnen »angesteckt« und reifen dadurch gleichmäßig nach. Die Unterschiede in den Bränden kommen durch sehr frühe Ernte und lange Nachreife bis späte Ernte und kurze Nachreife zustande.
Das Nachreifen ist das Geheimnis des Brenners, doch wird praktischerweise früh geerntet und gemeinsam nachgereift. Die Alternative wäre, die Früchte am Baum reifen zu lassen, täglich zu ernten und eventuell auch täglich einzumaischen. Fallobst einzumaischen hingegen ist tabu. Die Bakterien, die sich im Boden befinden, wären schädlich für eine gesunde Maische und einen sauberen Brand.

## Quitte | Mispel

Quitten (Cydonia oblonga) und Mispel (Mespilus germanica) sind Kernobstarten, die weniger verbreitete sind. Die Quitte ist eine sehr pelzige Frucht, deren Pelz vor dem Einmaischen abgerieben werden muss. Sie ist auch sehr hart und für den Frischverzehr praktisch ungeeignet. Daher muss sie besonders gut zerkleinert und enzymiert werden, damit die Maische nicht zu dick wird. Auch bei der Mispel hat man das gleiche Problem, wenngleich sie, nachdem sie ein paar Mal durchgefroren ist – am besten noch am Baum –, schön patzig weich wird. Sie hat aber einen kleinen Fruchtfleischanteil, und die Maische wird teigig, weshalb sie am besten verdünnt mit Wasser zu brennen ist, sonst bleiben sie trotz Wasserbad im Kessel kleben.

Quitte und Mispel haben einen parfümierten, süßlichen Geschmack, der nicht jedermanns Sache ist. Bei diesen Früchten kommt hinzu, dass sie selten frisch gegessen werden. Da man den Geschmack daher kaum kennt, sind diese Brände für wenig Geübte schwer zu beurteilen. Die Mispel erinnert am ehesten an eine Dörrbirne, eventuell an Kaffeeröstaromen, die Quitte hat intensive Fruchtnoten und erinnert leicht an Minzkräuter wie Zitronenmelisse.

## Marille

Einer der populärsten Edelbrände ist wohl jener aus der Marille (Prunus armeniaca). Hochburgen ihrer Anbaugebiete sind in der Wachau und im Burgenland. In diesem Klima gedeihen die Bäume auch am besten, und man kann hier mit relativ sicheren Erträgen rechnen. Im übrigen Österreich findet man die Marille höchstens an geschützten Hausmauern, und diese Erträge reichen meist nur für Marmeladen.

Der Geschmack des Marillenbrandes reicht von reifem und marmeladigem bis leicht pelzigem, zart

fruchtigem, dezentem Bittermandelton. Die großen Qualitätsunterschiede kann man meist am Preis erkennen. Doch die Echtheit der Destillate ist manchmal auch für Profi-Verkoster schwer zu bestätigen, und die technische Untersuchung im Gaschromatographen ist teuer und wird nur bei begründetem Verdacht angewendet. Zu Hause kann man die Echtheit eines Destillats mit einen einfachen Test überprüfen: Lassen Sie das Glas, aus dem Sie einen Edelbrand getrunken haben, über Nacht stehen. Bei einem hundertprozentig echten Destillat sollte der Duft nach dem entsprechenden Obst am nächsten Tag noch klar erkennbar sein. Riecht es nur schal, dürfte es sich um ein aromatisiertes Produkt gehandelt haben. Völlige Sicherheit kann aber nur ein Gaschromatograph geben!

## Pfirsich

Zum Pfirsich (prunus persicum) ist zu sagen, dass er seit den letzten paar Jahren stark im Kommen ist. Bei der Verkostung 2009 in der Steiermark gab es erstmals mehr Pfirsich-Einreichungen als Marillen. Das Wissen um die Maischeführung, die Hygiene und die Sauberkeit hat in den letzten Jahren sehr zugenommen, und daher ist es möglich, fehlerfreie Pfirsich-Edelbrände herzustellen. Pfirsiche haben einen sehr niedrigen Säuregehalt. Dieser kann leicht zu einem Essigstich oder gar Acroleinstich (riecht wie Kren) führen. Pfirsichbrände duften intensiv fruchtig, zart blumig bis sehr reif, ein zarter Steinton kann schon vorkommen. Dies ist ein Brand, der nicht unbedingt lange gelagert werden sollte, genießen Sie ihn bald!

## Kirschen | Weichseln

Kirschen (Prunus avium) und Weichseln (Prunus cerasus) sind im gesamten mitteleuropäischen Raum verbreitet. Hochburgen gibt es im Schwarzwald, im

Burgenland und in der Weststeiermark. Die Brenner unterscheiden bei den Kirschen zwischen den Tafelkirschen – großen, prallen Früchten – und den Wildkirschen. Letztere sind viel kleiner, fast schwarz, und der Steinanteil ist wesentlich höher. Für den Frischmarkt wären diese Früchte aber gänzlich ungeeignet, da man mit dem »Kirschkernspucken« nicht fertig wird.

Selten können Brenner bei einem anderen Thema so lang diskutieren wie bei den Kirsch- oder Weichselkernen. Ist es nun besser, die Kerne mitzubrennen oder vor dem Brennen abzuschöpfen oder gar ohne Kerne einzumaischen und eventuell dann beim Brennen ein Fäusterl Kerne hineinzugeben? Und wenn mit Kernen einmaischen, nur ein paar Tage auf den Kernen liegen lassen oder doch eher ohne Kerne einmaischen und dafür die fertige Maische ganz lang stehen lassen?

Jeder hat da seine Erfahrungen, und jeder macht es richtig, solang er die Kerne nicht beschädigt und der Edelbrand nicht steinlastig schmeckt. Dieser Blausäureton entsteht, wenn die Kerne zerstört werden, und ist in großen Mengen nicht gut für unsere Gesundheit. Zur Beruhigung: Bei den geringen Mengen, die getrunken werden, kommt man nicht so leicht in die Nähe der gesundheitsschädigenden Wirkung durch

Blausäure (da schon eher durch Alkohol). Ein guter Weichselbrand soll nach Marzipan, zartem Steinton, fruchtig, leicht zitrustönig schmecken. Auf keinen Fall darf er zu stark oder ausschließlich nach Bittermandeln schmecken.
Die Kirsche schmeckt eher nach Schokolade, karamellig, weiche, samtige Kirschnoten, zarter Amarettoton ist auch okay. Zu intensive Benzaldehydnoten sind unerwünscht.

## Zwetschken

Pflaumen (Prunus domestica), Zwetschken (Prunus domestica subsp. Domestica – Unterart der Pflaume) und die erste Variante der wilden Steinobstarten (siehe S. 62) sind alles Früchte mit einem ähnlichen, länglichen Kern. Der beliebteste und am weitesten verbreitete Brand dieser Gruppe ist die Zwetschke. Unter dem Namen Slibowitz hat sie eine Karriere als Massen- und Billigprodukt hinter sich. Gute Brenner haben die Zwetschke inzwischen wieder aus dem Dornröschenschlaf geweckt. Heute gibt es ausgezeichnete Zwetschken-Destillate, und auch die Beliebtheit hat zu Recht wieder eingesetzt. Allerdings eignen sich nicht alle Zwetschkensorten zum Brennen. Wie bei anderen Obstarten auch, ist es nicht unbedingt die Zwetschke vom Markt, die sich am besten zum Brennen eignet. Die beinahe schon ausgestorbene alte Hauszwetschke ist eine der besten

Brennzwetschken. Auch hier ist der Reifegrad sehr entscheidend für das Endprodukt. Bei fast mundreifen Zwetschken erhält man frische, fruchtige Noten, bei Zwetschken, die an den Stielenden schon einzutrocknen beginnen, bekommt man Brände, die reif und nach Powidl schmecken. Auch Schokolade und leichtes Bittermandelaroma sind sehr erwünscht. Bei den Zwetschkenbränden ist es unumstritten: Etwas Kern muss mitgebrannt werden, da sonst der Brand unerkennbar bleibt!

## Wildfrüchte

Diese wilden, oder auch ursprünglichen, Obstarten sind äußerst schwer mit Worten zu beschreiben. Kaum einer von uns hat diese Früchte jemals als Frischobst gegessen – sofern sie überhaupt genießbar wären. Am leichtesten sind sie zu verstehen, wenn man die »Großen Brüder« dazu kennt, sie sich vorstellt, und erst danach bewertet. In der Regel sind Wildfrüchte sehr viel intensiver und kostbarer als ihre Vorbilder.

### Wilde Kernobstarten

- **Apfelbeere (Aronia)** – Kernobst – ist eine kleine, erbsengroße Apfelfrucht, die ab Mitte August bis Oktober geerntet werden kann. Sie ist süßsäuerlich und etwas herb mit einem heidelbeerähnlichen Aroma. Meist wird sie zur Farbstoffgewinnung für die Lebensmittelindustrie angebaut.

- **Felsenbirne (Amelanchier)** wird nur vereinzelt gebrannt. Sie ist ebenfalls ein Kernobst, ein beerenartiger Apfel mit winzigen Kernen. Ihre Farbe ist dunkelrot bis blauschwarz.

- Auch als Kernobst zu bezeichnen ist die Hagebutte der **Hundsrose (Rosa canina)**, sie ist der

*Die Apfelbeere (Aronia)*

Fruchtstand der Rose und als Tee wegen ihres hohen Vitamin-C-Gehalts geschätzt. Der Brand ist intensiv, behält das Aroma aber nicht besonders lang.

## Wilde Steinobstarten

Die folgenden Arten sind Steinobstvarianten, die teilweise durch wilde Kreuzungen entstanden sind. Es gibt hier sehr viele Unterarten und dazu noch viele verschiedene regionale Bezeichnungen. Sie sind dadurch gekennzeichnet, dass sie wesentlich kleiner in der Fruchtgröße sind als all das andere Steinobst. Teilweise wurden die Arten etwas selektiert, vermehrt, und es gibt sie auch schon in Plantagen. Trotzdem gehören sie zu den wild vorkommenden Obstarten.

**1. Varianten mit länglichem Kern:**
Sie können im Geschmack der Zwetschke zugeordnet werden, nur etwas intensiver, bedingt durch den meist höheren Kernanteil. Dazu gehören:

- **Kriecherl (Prunus insititia)**, auch **Haferschlehe,** sind eine Spezialität in der Steiermark, sogar mit Gebietsschutz. Kugelige bis eiförmige blaue, rote oder gelbe Frucht, das Fleisch ist süß, aber nicht vom Stein lösend.

- **Mirabelle**, auch gelbe **Zwetschke (Prunus domestica x syriaca)**, ist eine eiförmige, gelbe, circa zwei Zentimeter große Frucht mit süßem Fruchtfleisch und einem Kern, der sich leicht löst.

- **Spänling**, auch **Wildzwetschke, Spilling (Prunus domestica x pomariorium)**, weichfleischige, kugelrunde Frucht, die bis zu dreieinhalb Zentimeter groß werden kann. Löst sich ebenso leicht vom Fruchtfleisch.

- **Renekloden,** auch **Ringlotten (Prunus domestica x italica),** sind relativ groß, mit einem Durchmesser bis zu fünf Zentimetern, die Frucht ist recht kugelig, und bei der Farbe ist von Grün über Gelb bis Blau und Rot alles möglich. Der Kern ist noch als länglich zu bezeichnen und löst sich nicht vom Stein.

- **Schlehe (Prunus spinosa)** ist eine blauschwarze, kugelige bis eiförmige Frucht mit einem herben Fruchtfleisch. Der Steinanteil ist sehr hoch, daher ergibt sich im Edelbrand auch ein starker Bittermandelton, der gut anhält, den man aber mögen muss.

- **Traubenkirschen (Prunus padus)** haben ein intensiv ausgeprägtes Marzipanaroma und leichte Schokoladenoten. Die Früchte sind an Rispen angeordnet, erbsengroß, kugelig und schwarz.

**2. Wildes Steinobst mit rundem Kern:**

- **Wildkirsche, Schwarzwaldkirsche** oder **Vogelkirsche** sind mit den Kirschen zu vergleichen. Die Schwarzwaldkirsche ist mit der Kulturkirsche (Prunus avium) vergleichbar. Sie hat die gleichen Eigenschaften wie eine Tafelkirsche, als Frischobst wenig Duft, umso intensiver wird der Duft nach der Verarbeitung (mit Stein!). Da der Steinanteil bei den Wildformen wesentlich höher ist, wird beim Brand das Aroma nach Marzipan, Schokolade und Bittermandel intensiver.

- Keine Kirsche, sondern ein Hartriegelgewächs ist die **Kornelkirsche (Dirndl) Cornus mas (Cornaceae).** Sie hat etwa zwei Zentimeter große, längliche rote Früchte, die glänzen und sehr sauer sind. Vom Geschmack her ähnelt die Kornelkirsche der Weichsel, wenngleich sie wieder viel intensiver schmeckt.

## Sorbusgewächse

Das sind Pflanzen einer großen Gruppe, die meisten davon sind widerstandsfähige, sommergrüne Bäume und Sträucher. Sie wachsen schnell und werden daher oft in Parks gepflanzt, in Plantagenpflanzungen zur Fruchtgewinnung findet man sie eher selten.

- Eine der bekanntesten ist die **Eberesche**, besser bekannt als Vogelbeere. Die Früchte sind kleine rote Beeren, die auf recht großen Dolden hängen. Sie sind in unseren Gebirgsregionen weit verbreitet, aber schwer zu ernten und auch zu verarbeiten. Der pflanzeneigene Sorbinsäuregehalt verhindert zwar den Pilzbefall, erschwert aber auch die Gärung. Die Ausbeute bei den wilden Formen ist sehr gering, etwas besser sind da schon die veredelten Kulturbäume. Der Brand schmeckt stark nach Bittermandeln, Pistazien und mehr oder weniger nach Marzipan. Die Eberesche ist eine Frucht, die am Baum ausfrieren sollte, dadurch bekommt sie ihren sortentypischen Charakter. Neuerdings gibt es auch Brände von nicht ausgefrorenen Beeren. Diese schmecken wesentlich zarter und sind nicht so bitter.

- Die **Mehlbeere** (Sorbus aria) ist apfelartig, klein, mit einem verknorpelten Kerngehäuse. Sie hängt an kleineren Dolden, als sie die Vogelbeere hat. Zu finden ist sie am Waldrand, und mit ihren silbrigen Blättern ist sie leicht erkennbar. Die mehlige Frucht ist sehr zuckerarm, bringt wenig Ausbeute an Alkohol und ist sehr bitterlastig.

- **Elsbeere** oder auch **Adlitzbeere** (Sorbus torminalis) genannt, ist eine äußerst seltene Frucht. Am ehesten findet man sie noch in Parklandschaften. Daher ist der Brand der teuerste, den man bekommen kann. Das erklärt sich auch aufgrund der schwierigen Ernte und der Verarbeitung. Die Früchte müssen von den Stielen entfernt werden, das geht bei dieser fingernagelgroßen Frucht, die braun ist und an einer Dolde hängt, nur händisch. Frisch gegessen schmeckt sie sehr süßsauer mit Schwerpunkt sauer. Der Brand ist eher bitter und würzig.

- Der **Speierling** (Sorbus Domestica) ist eine drei Zentimeter große Frucht. Speierling ist für Liebhaber ein begehrter Brand. Der Geschmack erinnert leicht an den eines Vogelbeerbrandes.

## Beeren | Waldbeeren

Beerenbrände sind sehr anspruchsvoll beim Schnapsbrennen. Allen Beeren gemeinsam ist, dass sie recht leicht verderben. Sie haben einen kurzen Zeitraum, in dem sie optimal reif sind und problemlos eingemaischt werden können.
Botanisch gesehen sind nur die Beeren des Heidekrauts (Ericaceae) wie Heidelbeere (Vaccinium myrtillus), die Preiselbeere (Vaccinium vitis-idaea) und die Ribes-Arten wie Johannisbeere (Ribes nigrum) und Stachelbeere (Ribes uva-crispa) echte Beeren.
Die Beeren sind höchst anspruchsvoll in der Maische-

führung, und beim Brennen selbst verzeihen sie keinen Fehler. Da der Grundstoff nicht gerade billig ist und die Beeren rasch verderben, sollten Sie diese Brände bevorzugt bei Brennern suchen, die diese Früchte selbst anbauen oder sammeln. Gelingt ein solcher Brand aber, dann kann man sich ins Glas versenken und möchte nicht so bald wieder auftauchen (nur mit der Nase natürlich!).

Den Beeren gemeinsam ist die zarte, erkennbare Frucht und eventuell frische Zitrusnoten. Himbeerbrände können sich leicht süß und würzig anfühlen, Erdbeeren sollen frisch, fruchtig und zart duften, Heidelbeere und Brombeere können etwas schokoladig angehaucht sein. Ribisel und Holunder können sehr würzig und grasig, fast rebig sein. Himbeere und vor allem Erdbeere sollten nicht unbedingt lang lagern. Diese Brände genießt man, sobald man sie bekommt, und wartet nicht auf bessere Zeiten!

Eine Wildfrucht unter den Beeren ist die Preiselbeere. Sie wurde natürlich auch schon hochgezüchtet und ist als Cranberry erhältlich. Die wilde Preiselbeere (Vaccinium vitis-idaea) gehört zum Heidekraut und somit zur Familie der Ericaceae. Der Brand dazu ist sehr herb, mit viel fruchtigen Aromen, die lange anhalten sollen, und wenn man bedenkt, wie mühsam die Preiselbeeren auf unseren Almen gesammelt werden müssen, sehr, sehr wertvoll!

## Wild-Wurzeln

### Meisterwurz

Die Meisterwurz ist eine Heilpflanze erster Klasse. Damit das Aroma in den Wurzeln charakteristisch ist, muss sie mindesten fünf Licht-Jahre (Sommer) alt sein. Sie wächst auf 1800 bis 2200 Metern im Hochgebirge, oberhalb der Waldgrenze, in steilen Rinnen und an Bächen, bevorzugt an Stellen, an denen durch

Lawinenabgang der Schnee lang liegen bleibt. Auf gestressten Pisten wird man sie nicht finden. Sie ist ein Doldenblütler, und die Wurzeln werden Ende September bis Anfang Oktober geerntet. Zu diesem Zeitpunkt ist die Dolde bereits abgeblüht. Dem Vieh auf den Weiden schmeckt die Heilpflanze nicht, es lässt sie stehen, was das Finden wiederum leichter macht. Die Wurzeln werden ausgegraben, gewaschen und gehackt. Da das Aroma ausgesprochen intensiv ist, hat es sich eingebürgert, die Meisterwurz gemeinsam mit Äpfeln zu vergären. Das Mischungsverhältnis ist Brennergeheimnis, jeder Brenner hat da seine eigene Philosophie. Verwenden kann man die Wurzeln entweder ganz frisch, manch ein Brenner lässt sie leicht antrocknen, sie können aber auch übers Jahr getrocknet werden. Gesund ist der Brand vor allem für Magen-Darm-Beschwerden, er ist appetitanregend, und manche behaupten auch, er sei ein Aphrodisiakum.

Typische Geschmacksrichtungen gehen in Richtung Fenchel, Anis und Kümmel. Auch der Apfel darf erkennbar sein. Schlecht wäre ein erdiges Aroma, das würde auf zu wenig gewaschene Wurzeln zurückzuführen sein.

## Enzianwurz

Auch der Enzianwurz wächst nur in den Hochregionen der Alpen. Fälschlicherweise wird auf vielen Flaschen der blaue Enzian dargestellt, die aber mit der bäuerlichen Tradition nichts zu tun haben. Denn die Bauern brennen nur den gelben Enzian (Gentina lutea) oder den punktierten Enzian (auch gelb mit violetten Punkten). Der muss acht Jahre wachsen, bevor er blüht, und erst dann kann die Wurzel verwendet werden. Auch hier wäre die Wurzel allein vergoren zu intensiv, und so wird sie gemeinsam, meist mit Obstler, gebrannt. Da der gelbe Enzian unter Naturschutz steht, ist das Sammeln verboten. In manchen Regionen wird ein Graberecht verlost, andere Bauern behelfen sich damit, dass sie ihn auf bearbeitbaren Hochflächen zu kultivieren versuchen.
Die Enzianwurzel enthält den bittersten Naturstoff, der bekannt ist. Ein Stamperl geriebener Enzian kann 4000 Liter Wasser bitter machen.

## Krautinger

Der Krautinger ist ebenfalls ein traditioneller Brand. Die Technik, wie man Wurzeln und Knollen brennt, ist immer die gleiche, beim Krautinger kommt noch Auspressen und Saft Eindicken hinzu. Als moderne Varianten werden heute auch Karotten und Ähnliches gebrannt. Wenn man schon alles probiert und genossen hat, sind diese Brände sicher ein neues Er-

lebnis. Das Geschmackserlebnis beim Krautinger ist sehr »anspruchsvoll«. Der Geruch erinnert an Krautblätter, die mehr oder weniger verdorben riechen, und an Graukäse. Hat man diesen Brand am Gaumen, so wird man sich sicher lang an ihn erinnern.

## Weintraube

Branntwein ist etwas anderes als Weinbrand. Was nach Wortklauberei klingt, hat historische Hintergründe. »Branntweiner« ist die ursprüngliche Bezeichnung aller Schnapsbrenner und ist der Begriff für das Destillat im Allgemeinen geworden. Heute wird als Überbegriff Edelbrand, Qualitätsbrand, Destillat oder, falls aus Wein, eben Weinbrand verwendet.
Die ältesten Spirituosen sind Brände aus dieser Gruppe. Einerseits gehören dazu die Weine, die ausgebrannt werden (Cognac, Brandy), andererseits die Rückstände vom Weinpressen (Tresterbrand, Grappa, Gelägerbrand, Hefebrand ...) und auch die Traubenfruchtbrände, bei denen die ganze Beere eingemaischt und gebrannt wird. Am leichtesten zu brennen und wiederzuerkennen sind Traubenfruchtbrände, da sie alle geschmackgebenden Bestandteile einer Traube – Haut, Fleisch und Kern – enthalten. Bei den anderen Arten von Bränden fehlt jeweils eine Komponente. Umso größer ist die Kunst, so zu brennen, dass die Sortentypizität wiederzufinden ist. Sehr beliebt unter Weinbauern, die auch Brände erzeugen, ist es, diese sortenrein zu brennen. Ganz besonders stechen die Sorten der Muskatgruppe (gelber Muskateller, Rosenmuskateller ...) hervor. Sie haben eine besondere Fruchtigkeit, duften nach Blüten und manche ganz deutlich nach Rosen. Bei den Grappas und Tresterbränden kommt auch eine Idee grasig, rebig oder trestrig dazu. Hefe- oder Gelägerbrände sind Brände aus den Rückständen, die beim Umziehen des Weines übrig bleiben. Der Wein muss nach der Gärung in ein anderes Fass gezogen

werden, und ein Satz von abgestorbener Hefe mit Wein verbleibt im Fass – und dieser Satz wird gebrannt. Diese Brände zeichnet zusätzlich noch eine leicht hefige Note aus.
Weinbrände aus Wein sind bei uns eher selten. Werden sie als solche gebrannt, kommen sie meist zusätzlich noch in ein Eichenfass zum Lagern, ähnlich den französischen Vorbildern.

## Getreide

Mit dem Brennen von Getreide hat die Verbreitung der Destillate im 16. Jahrhundert erst so richtig begonnen. Getreide war durch die Eroberungen in der neuen Welt (fast) immer vorhanden. Es konnte gut gelagert werden, und die Ausbeute ist im Vergleich zu Obstbränden enorm. Aus hundert Kilo Getreide kann man zirka 24 Liter reinen Alkohol brennen. Beim Obst sind es magere zwei bis fünf Liter reinen Alkohols. Die einzige Schwierigkeit bestand darin, die Stärke im Getreide in Zucker umzuwandeln. Dies gelingt dadurch, dass Getreide angekeimt und danach getrocknet wird – man spricht dann vom Malz. Dieses Malz wird dann vergoren und aus der Maische der Korn gebrannt.
In Österreich dürfen bis heute nur die Bergbauern Getreide – unter Abfindung – brennen, und nur dann, wenn zu wenig andere selbstgewonnene Stoffe (Obst) vorhanden sind. Durch die Möglichkeit, in den Verschluss zu gehen, gibt es allerdings mehrere Bauern und Destillateure in Österreich, die Getreidebrände aus Roggen, Gerste, Weizen oder Hafer bereiten.
Bekannt sind Getreidebrände als Whisk(e)y, Wodka und Korn. Die Aromenvielfalt kommt meist erst durch die lange Lagerung in Eichen- oder sonstigen Holzfässern zustande. Getreidebrände ohne Eichenlagerung schmecken recht schlicht, durch die Lagerung in der Eiche kommen Komponenten wie Honig, Vanille, malzig oder torfig ins Spiel. Fruchtaromen

sind selten zu finden. Schmeckt der Brand nach nur einer Komponente – weitersuchen!

## Bier

Bierbrand ist, wie der Name schon sagt, aus gebrautem Bier gebrannt. Er spielt in der traditionellen bäuerlichen Brennerwelt keine Rolle, da Bier nicht von Bauern hergestellt werden durfte und auch von Abfindungsbrennern nicht zugekauft werden darf. Jetzt hält der Bierbrand vereinzelt bei Bauern, die mit Verschlussbrennereien arbeiten, Einzug. Bierbrände sollten ein volles Hopfenaroma haben mit einem feinen Malzcharakter. Ausschließlich Hefeton ist für einen guten Bierbrand zu wenig.

## Geiste

Geiste sind laut Definition im Lebensmittelkodex Spirituosen, die mit einer Komponente angesetzt werden, um dann nochmals gebrannt zu werden. Zapfen, Gewürze und Kräuter zum Beispiel können nicht zu einer Maische verarbeitet werden, da sie keinen Zucker haben, aus dem Alkohol entstehen könnte. Sie sind aber sehr aromatisch und können auf diese Weise »konserviert« werden. Auch bei kostbaren Beerenbränden hat sich dieses Verfahren eingebürgert, um so etwas preiswerter sein zu können. Beliebte Geiste sind weiters der Gin (Wacholderbrand), Enzianwurz oder Geiste mit Kaffee und Kakao. Im Duft können Geiste allemal mit Edelbränden mithalten, im Abgang sind aber schon Unterschiede in der Intensität erkennbar.

# VOM OBST ZUM EDELBRAND

*»Obstbranntweinerzeugung: Diese hat auf einem Bauernhof nur in der Form einer Abfallverwertung Berechtigung ... Eingemaischt sollen nur anders nicht mehr verwendbare Früchte werden, also überreife, wurmige Früchte, Preßrückstände, Küchenabfälle von Obst und Geläger.« (Auszug aus dem Buch »Die gute Hand zum Obstbau«, 1948)*

Dieser Satz spiegelt genau wider, wie unsere Vorfahren die Schnapserzeugung gesehen haben. Gott sei Dank gehören heute die Brenner mit solchen Ansichten zu einer verschwindenden Minderheit.
Was sich auf diesem Gebiet in den letzten 20 bis 30 Jahren getan hat, ist enorm. Edelbrandpioniere wie Gölles haben viel zum Qualitätsbewusstsein und zur Qualitätssteigerung beigetragen. Sie waren die Wegbereiter für unseren heutigen, exquisiten Edelbrand. Der Zusammenhang zwischen Grundprodukt – sauberes, reifes Obst – und Endprodukt war nicht leicht in den Köpfen der Bauern und Brenner zu verankern, zu lang war das Schnapsbrennen nur Alkoholerzeugung. Bei der jetzigen Generation an Edelbrennern hat sich der Qualitätsgedanke schon perfekt durchgesetzt. Die Ergebnisse können landauf, landab verkostet und genossen werden.

## Der Rohstoff

Mit gesundem, reifem Ausgangsmaterial fängt ein guter Brand an. Die beste Brennanlage, das größte Wissen um die technischen Vorgänge helfen alles nichts, wenn der Grundstoff nicht passt. Jede Korrektur im Nachhinein geht auf Kosten des Aromas – und das aber gilt es zu erhalten.
Der ideale Erntezeitpunkt des Obstes, die Sauberkeit bei der Ernte und die optimalen Bedingungen beim Einmaischen sind für einen gelungenen Brand aus-

***Vogelbeeredelbrand hat vor allem in Tirol und Steiermark Tradition: Sammeln in Maischebehältern***

schlaggebend. Frischmarktware, wie wir sie in den Geschäften erhalten, ist meist nicht die beste fürs Brennen. Sie muss, damit sie im Geschäft einige Zeit »durchhält«, möglichst lang vor der optimalen Reife geerntet werden und hat daher nie das volle Aromapotenzial. Die Obstbauern bemühen sich zwar, sehr gute Qualitäten zu liefern, und sie liefern sie auch. Allerdings gibt der Handel vor, welche Sorten angebaut werden, wann geerntet werden darf und wann sie in die Regale kommen. Das ist auch der Grund, warum das Obst aus dem eigenen Garten so gut schmeckt. Da kann zum Beispiel der Apfel in Ruhe ausreifen, er kann sofort nach dem Pflücken gegessen werden, und meist sind das auch noch sehr robuste Sorten, die zwar nicht sehr groß und schön, dafür aber schmackhaft sind. Der Spitzenbrenner braucht gerade diese Qualität, er besteht auf besonders gut ausgereiftem Obst und auf hoch aromatischen Sorten.

Wann ist der richtige Erntezeitpunkt? Das lässt sich eigentlich nicht in einem Satz erklären, aber um es kurz zu machen: Ausschlaggebend ist die Erfahrung. So hat jeder Brenner seine eigene Philosophie, wann der richtige Erntezeitpunkt zum Beispiel für die Williamsbirne gekommen ist. Die meisten ernten sie recht früh – also grün bis leicht weißlich, lassen die Birnen nachreifen und mahlen sie dann zu einem Zeitpunkt ein, an dem die Birne einen besonderen »Farbton« hat.

Nicht ganz so kompliziert ist es bei den Äpfeln. Diese sind von Haus aus länger haltbar und so kann man den Zeitpunkt des Einmaischens großzügiger gestalten. Hier wartet man eventuell auf eine leichte Nachreifung am Lager, damit sich die restliche Stärke abbaut und in Zucker umwandeln kann.

Absolute Terminarbeit ist das Maischen der Sommerfrüchte. Meist ist es zur Ernte recht warm und die Früchte müssen möglichst verletzungsfrei geerntet werden. Für den Frischmarkt belässt man aus diesem Grund Stiele und Kelchblätter an den Früchten. Die

*Die Ernte der Sommerfrüchte ist Terminarbeit: Sehr reife Kirschen werden vom Baum geschüttelt*

aber haben in einer Maische nicht wirklich etwas verloren. Daher kommt man beim Verarbeitungsobst nicht ohne Verletzungen aus. Bei der Himbeere muss der Zapfen raus, bei der Erdbeere sollen keine Kelchblätter dabei sein und die Kirschen und Weichseln sollen möglichst ohne Stiele und Blätter geerntet werden. Deshalb hat es sich vielfach durchgesetzt, speziell für die hochwertige Verarbeitung geeignete Sorten zu pflanzen und wenn möglich eine rationelle Erntetechnik einzusetzen, um einen optimal hohen und gleichmäßigen Reifegrad erreichen zu können.
Kirschen und Weichseln kann man als perfekt reife Früchte von den Bäumen schütteln. Unter den Bäumen wird ein Schirm aufgespannt, in den die Früchte fallen. Das Ergebnis sind gleichmäßig reife Früchte.
Das Sommerobst sollte kühl – in den Morgenstunden – geerntet und dann sofort die Gärung unter Zusatz von Hefen und Enzymen eingeleitet werden. So können Fehler von vornherein vermieden werden.
Wichtig ist, wie bereits erwähnt, dass die Früchte von den Bäumen geerntet und nicht erst vom Boden aufgeklaubt werden. Bei Marillen, Zwetschken und Kriecherln ist dies recht schwierig, da sie etwas folgeartig reifen. Will man besonders vollreife Früchte ernten, so kann man sich dadurch behelfen, dass

man unter den Bäumen eine Folie auflegt, von der die Früchte alle paar Tage aufgeklaubt werden. Die Folie verhindert den Kontakt mit der Erde. Ansonsten ist es besser, mehrmals händisch zu ernten oder eben zu schütteln.

Pfirsiche sollten am Baum voll ausreifen können. Aus arbeitstechnischen Gründen ist es durchaus praktisch, unverletzte Früchte ein paar Tage im Kühlhaus zu lagern, um dann größere Chargen gemeinsam einzumaischen. Ein Fass soll immer auf einmal gefüllt und dann verschlossen werden. Jeden Tag das Fass zu öffnen und ein paar gesammelte Früchte hineinzuschütten birgt die Gefahr einer Fehlgärung.

Wildfrüchte und Sorbusgewächse sind ähnlich wie ihre großfrüchtigen Verwandten zu behandeln. Mühsam wird es bei den Wurzelfrüchten. Sie müssen zeitgerecht händisch gegraben werden. Vor dem aufwendigen Zerkleinern müssen sie besonders gut von der Erde befreit werden. Sie können aber auch leicht getrocknet weiterverarbeitet werden.

## Das Maischen und Gären

Damit aus den Früchten etwas Neues und Großartiges entstehen kann, muss man sie vorerst einmal zerstören. Bei Wein oder Fruchtsaft wird gepresst, der Saft weiterbearbeitet und die Pressrückstände werden entsorgt. Beim Maischen bleibt alles, was zur Frucht gehört, beisammen und gärt gemeinsam. Die Technik muss dem Obst angepasst werden. Genügt bei Beeren und Kirschen ein großer Mixer, so braucht es für Äpfel und Birnen schon eine Obstmühle. Bei Quitten, die sehr hart sind, muss diese auch noch besonders stabil und belastbar sein.

### Hefe und Enzyme

Früher einmal, vor Qualitätsbrennerzeiten, verließ man sich ganz einfach auf eine spontane Gärung,

*Der Wildschönauer Krautinger gilt als Volksmedizin: Die zerkleinerten Rüben werden zu Saft gepresst*

die innerhalb von wenigen Tagen einsetzte. Das barg aber viele mögliche Überraschungen in sich. Heutzutage verwendet man Reinzuchthefen, die spezielle Erfordernisse erfüllen müssen. Entweder gären sie bei besonders niedrigen Temperaturen, oder sie betonen die Ausprägung der Fruchtaromen. Die Gärung sollte möglichst zügig verlaufen, bei nicht zu hohen Temperaturen. Als optimal haben sich Temperaturen um 18 Grad (+/- 2 Grad) herausgestellt. Ist es zu kühl, kann die Gärung stecken bleiben, ist es zu warm, verläuft die Gärung zu schnell und es kommt zu verstärktem Aromaverlust. Die Techniken zur Kühlung sind die gleichen wie die der Weinbauern, vom gekühlten Raum bis zum ummantelten Gärfass mit Kühlsteuerung findet man bei den großen Destillateuren genauso alle Hilfsmittel. Außer den speziellen Hefen werden auch noch Enzyme (Fermente) zugesetzt, um alle Inhaltsstoffe aufzuspalten. Sie schließen etwa Pektine und Stärke auf und spalten Aromen von Zuckermolekülen ab. Damit bewirken die Enzyme nebenbei auch eine Verflüssigung der Maische.

## Säure

Weiters soll man den pH-Wert der Obstmaische messen. Obstarten mit wenig Säure sind sehr gefährdet, eine Fehlgärung zu bekommen. Diese wird vermieden, indem man mittels Säurezugabe den pH-Wert senkt. Damit wird die Maische stabiler. Die Säure hat aber nichts mit dem Aroma zu tun, sie wird nicht überdestilliert, sie beschützt die Maische nur vor etwaigen Fehlern.

## Zucker

In manchen Jahren, wenn die Sonnenstunden sparsam ausfallen, kann man in Versuchung kommen, die Maische aufzuzuckern, um mehr Edelbrand zu gewinnen. Das wurde früher auch oft gemacht, legal war es aber nicht. Die Idee dahinter ist, dass dadurch die Hefen mehr »Nahrung« zur Verfügung haben und damit mehr Alkohol gebildet werden kann. Beim Brennen wirkt sich das dann dadurch aus, dass das Mittelstück »länger rinnt« – sprich: Man hat eine wesentlich höhere Ausbeute. Das hat aber den entscheidenden Nachteil, dass das Aroma auf wesentlich mehr Liter Destillat aufgeteilt und dadurch verdünnt wird. Somit lassen Qualitätsbrenner die Hände weg vom Aufzuckern, denn Qualität ist das oberste Ziel.

Während der Gärung in den Fässern soll man ab und zu den Maischehut – feste Bestandteile der Maische treibt es aufgrund der entweichenden Kohlensäure in die Höhe – unterstoßen. Dasselbe wir auch bei Rotwein gemacht. Für die Maischegärung gibt es spezielle Fässer, die diesen Vorgang durch eine mechanische Vorrichtung selbständig bewerkstelligen. Im normalen Fass drückt man den Hut einfach hinunter und rührt etwas um. Zu diesem Zeitpunkt ist es gefahrlos möglich, eventuell Kerne zu entfernen. Der Maische wird aufgrund des $CO_2$-Schutzes nichts passieren, wenn etwas Luft beim Abseihen dazukommt.

Gegen Ende der Gärung hört man damit auf. Denn das entstehende $CO_2$ hat den tollen Effekt, dass die Luft im Fass sauber bleibt, durchs Öffnen könnten immer wieder neue Bakterien und Pilze hineinkommen. Die Fässer werden gegen Ende dicht verschlossen und bis zum Brennen gelagert. Diese Lagerung soll bei möglichst konstanten, tiefen Temperaturen stattfinden. Ideal ist die Lagerung in einem Kühlhaus, bei 4 bis 10 °C. Wie lang die Lagerung dauert, ist von Frucht zu Frucht verschieden. Beerenobst sollte möglichst bald gebrannt werden, alkoholreiche Maischen kann man länger stehen lassen. In der Praxis wird der Zeitpunkt des Brennens oft von der Kapazität der Räumlichkeiten bestimmt. Sind das Kühlhaus und die Fässer voll, muss einmal ge-

1993

brannt werden, sonst kann man nichts Neues mehr einmaischen.
Der Vorteil des Brennens sofort nach der Gärung oder noch in die abgehende Gärung sind Brände, die sehr fruchtig und frisch wirken. Gelagerte Maische bringt vollere, kräftigere Brände, allerdings kann bei zu langer Lagerung schon mal ein Maischeton im Brand auftauchen. Vereinfacht kann man sagen: Will man seine Edelbrände lang lagern, ist auch eine längere Lagerung der Maische empfehlenswert. Will man Brände, die fruchtiger, frischer und jugendlicher sind – was derzeit besser ankommt –, sollte man gleich nach der Gärung brennen.

## Das Brennen

Das Verfahren der Destillation wird beim Erzeugen von Alkohol ganz einfach als »brennen« bezeichnet, da die Maische stets erhitzt wird (außer bei der Vakuumdestillation).
Die einfachste Form der Destillation, die wir kennen, ist das Wasser, das verdampft und sich am Deckel des Kochtopfs niederschlägt. Wasser verdunstet, kühlt sich am Deckel ab und wird dadurch wieder flüssig. Will man das Destillieren von Maische oder Weinen aber brauchbarer gestalten, benötigen wir einen Topf, in dem die Maische – wie beim Schokoladeschmelzen – in einem Wasserbad erhitzt wird, damit sie, ebenso wie die Schokolade, nicht anbrennt. Von Vorteil ist es auch, wenn wir die Maische immer wieder umrühren, damit sie sich gleichmäßig erhitzt. Weiters braucht man zum Topf einen Deckel, der die kondensierte Flüssigkeit auffängt und geordnet weiterleitet. Dieser Dampf in der Ableitung braucht zum Kondensieren noch eine Kühlung, und der einfache Brennkessel wäre fertig.
Ein bisschen professioneller wird es mit einer kleinen Destille, die man sich kaufen kann. Bis zu einem Füllraum von zwei Litern ist diese nicht meldepflichtig.

***Kupfer als Metall für Destillerien ist unumstritten: Historische Destillerie***

Alle Kessel, die darüber hinausgehen, müssen beim Zollamt bereits gemeldet werden.
Blase, Helm, Steigrohr, Kühlung sind im Grunde die Elemente, die jeder Kessel, egal wie groß, braucht. Wie riesig und kompliziert das heutzutage aussieht, ist unglaublich, die Entwicklung ist nicht stehen geblieben. Ein Schnapsbrenner, der Qualität und natürlich auch marktfähige Mengen erzeugen will, braucht ein professionelles Gerät.
Die derzeit wichtigsten Verfahren sind das Doppelbrennen und das Kolonnenbrennen. Bei beiden Verfahren kann mit Strom, Gas, Öl oder Holz geheizt werden. Die Entscheidung, welche Wärmequelle verwendet wird, liegt beim Brenner und hat keinen Einfluss auf das Destillat. Kriterien sind hauptsächlich die Kosten und die Automatisierbarkeit. Das Heizen mit Holz hat den entscheidenden Vorteil, dass es für Bauern meist die günstigste Energiequelle ist, da fast jeder einen Wald besitzt. Die Nachteile sind, dass man ständig in der Nähe des Kessels bleiben muss und man etwas Gefühl fürs Heizen braucht. Beim Abtrennen der Fraktionen nämlich muss die Energiezufuhr gedrosselt werden, damit es nicht zu schnell geht. Das ist bei den anderen Energiequellen einfacher, der Brenner wird eine Stufe zurückgedreht und die Hitze reduziert. Beim Heizen mit Holz muss man etwas vorausschauender arbeiten, da nicht so schnell gedrosselt werden kann – und das ist die Schwierigkeit.
Kupfer als das Metall für Destillerien ist unumstritten und wird bei allen Brenntechniken verwendet. Kupfer hat den Vorteil, dass es Wärme sehr gut leitet und als Katalysator dient, der gewisse nicht erwünschte Stoffe binden kann. Der entscheidende Nachteil von Kupfer ist aber, dass die Reinigung mühsam ist. Innovative Kesselerzeuger sind dazu übergegangen, den Kessel innen zwar mit Kupfer zu verarbeiten, aber die Außenverkleidung mit Niro-Stahl zu gestalten. Diese Kessel sind dementsprechend leicht zu reinigen

und sehen sehr professionell aus. Die Innenreinigung kann über ein System von Pumpen, Schläuchen und Düsen automatisch durchgeführt werden.
Zur Kühlung wird bei allen Systemen Wasser verwendet. In früheren Zeiten verwendete man Schnee zum Kühlen, was entsprechend schwierig zu bewerkstelligen war. Heute hat man ganz besonders effiziente Methoden, den Dampf mit Leitungswasser zu kühlen. Der Dampf wird durch ein spiralförmiges Rohrsystem in einen Wasserkessel, in den immer frisches Wasser nachrinnt, geleitet. Die Temperatur, mit der das Destillat die Kühlung verlässt, kann man mittlerweile genau steuern. Je nachdem, wie groß die Brennerei ist, kann das Wasser aus der Kühlung auch zum Heizen verwendet werden, da das Kühlwasser auf bis zu 80 Grad erhitzt wird. Zumindest ist das warme Wasser praktisch, weil man es für verschiedene Reinigungszwecke verwenden kann.
Vom Kochen kennen wir das Problem, dass dickflüssige Suppen gern anbrennen. Dies wird beim Destillieren vermieden, indem man den Kessel in ein Wasserbad stellt. Die Temperatur, die über die Kupferkesselwand weitergegeben wird, steigt nie über 100 Grad, und daher kann die Maische auch nicht anbrennen. Ähnlich machen wir es in der Küche, wenn wir Butter erweichen. Wir stellen in einen Topf mit Wasser einen anderen und erhitzen das Wasser. Der Dampf, der zwischen Kochtopf und Butterschale entsteht, entweicht in der Küche allerdings. Der Kessel dagegen ist ein geschlossenes System, dadurch entsteht Druck, der mit einem Manometer gemessen wird. Damit kontrolliert man beim Heizen die Wärmezufuhr. Im Bereich des Abtrennens soll mit minimalem Überdruck gearbeitet werden.
Damit die ganze Butter gleichmäßig weich wird, rühren wir nebenher. Nichts anderes macht das Rührwerk. Da die Maische nur über die Außenwand erwärmt wird, würde bei einer dickeren Flüssigkeit der Kern erst sehr spät heiß werden. Im Extremfall be-

ginnt der Brand bereits zu rinnen, da die Außenwand kocht, aber der Kern ist noch nicht einmal heiß. Das bedeutet, dass die Vorlaufkomponenten, die wir abtrennen sollen, im ganzen Edelbrand verteilt sind, da ständig neue Maische zu dampfen beginnt. Diesem Problem begegnet man, indem man ständig rührt und die Maische dadurch gleichmäßig erwärmt. Das Rührwerk ist nichts anderes als ein Quirl, der in die Brennblase reicht und von außen mit der Hand oder mit einem Elektromotor betrieben wird.

Die Techniken, die Maische in die Brennblase zu bringen, können auch von einfach und arbeitsintensiv bis kompliziert und automatisch reichen. Die einfachste Variante ist das Schöpfen mit einem Eimer. Das ist sicher die billigste Variante, aber mitunter kräfteraubend und stark schmutzend. Als Abfindungsbrenner ist es nicht erlaubt, einen Kessel mit automatischer Beschickung direkt in den Brennraum zu verwenden. Also ist es am besten, einen Einfüllstutzen mit einer Maischepumpe zu kombinieren, damit sich das Einfüllen kräftesparend bewerkstelligen lässt. Die Schlempe (das ist die ausgebrannte Maische) wird über ein Schlemperohr abgelassen. Das Schlemperohr führt meist in eine Schlempegrube, da eine Entsorgung über das Kanalsystem nicht erlaubt ist. Die Schlempe hat kaum mehr Alkohol und kann neutralisiert als Dünger auf Äcker ausgebracht werden.

Nun zu den beiden gängigen Verfahren beim Brennen:

## Doppelt brennen (Doppelbrennen)

Doppelbrennen bedeutet, wie der Name schon sagt, dass der Brand zweimal gebrannt wird. Beim ersten Mal wird der Raubrand hergestellt. Dass ist einfach der gesamte Alkohol, der beim Brennen der Maische das Geistrohr verlässt. Der Brand beginnt bei zirka 35 Prozent Alkohol zu rinnen. Der Alkoholgehalt im Dampf sinkt allerdings im Laufe des Brennens, da

*Das Kondensat sollte nach dem zweiten Brand ganz langsam, wie ein Zopf, rinnen: Doppelbrenner*

auch in der Maische der Alkoholgehalt abnimmt. So wird heruntergebrannt, bis der Alkoholgehalt in der Vorlage bei zirka zehn Prozent liegt.
Mehrere dieser Raubrände werden gesammelt und dann wieder in die Blase gefüllt. Diesmal muss man sehr vorsichtig und langsam heizen. Der Druck im Kessel sollte nicht sehr hoch sein. Dann rinnt das Kondensat ganz langsam und gerade heraus. Ideal ist es, wenn die Flüssigkeit wie ein »Zopf« herunterrinnt oder am Rohrende leicht nach hinten zieht. Die Fraktionen, die entfernt werden müssen, sind dadurch exakter zu trennen. Wenn der Vorlauf zu rinnen beginnt, geht es los. Der Anfang ist ganz eindeutig zu erkennen und wird weggeschüttet. Beim Übergang zum Mittelstück wird der Brand direkt in eine Serie kleiner Gläser gefüllt. Bin ich mir sicher, dass das Mittelstück begonnen hat, verkoste ich dann in aller Ruhe die Gläserserie durch. Dazu verdünne ich den Brand mit etwas Wasser und kann dann entscheiden, bis wann Vorlauf war und ab wann Mittelstück ist. Der Vorlauf ist extrem adstringierend (pelzig) am Gaumen und riecht deutlich nach Klebstoff. Dieses Abtrennen muss wirklich möglichst exakt geschehen, da sofort nach den Vorlaufkomponenten viele Fruchtaromen zutage kommen. Es hilft nichts, auf Nummer sicher zu gehen und großzügig abzutrennen, dadurch verliert man zu viele Aromen. Aber auch Knausern führt nicht zum Ziel, da nur ein kleiner Anteil Vorlauf den ganzen Edelbrand qualitativ abwertet.
Der Nachlauf ist wesentlich schwieriger abzutrennen. Sensorisch ist es fast nicht zu schaffen, da der Nachlauf am Anfang sehr schwach ist und die Luft im Brennraum irritiert. Er ist geschmacklich als seifig und schal zu bezeichnen – wie die Schlempe, die man wegschüttet. Die Nachlaufkomponenten kommen auf einer wesentlich längeren »Strecke« daher. Nicht einmal wissenschaftliche Apparaturen können da helfen. Natürlich kann man sich auch hier mit

der Methode der kleinen Gläser behelfen, allerdings wird man wesentlich mehr Behälter brauchen. Das Abtrennen des Nachlaufs ist sehr viel Gefühls- und Erfahrungssache. Früher einmal machte man die Brennprobe – wenn das Destillat nicht mehr brennt, beginnt der Nachlauf. Das genügt heute nicht mehr, denn der Nachlauf beginnt wesentlich früher.

## Kolonnenbrennen, Verstärkeranlagen

Kolonnenbrennen bedeutet nichts anderes, als dass der Dampf in der Verstärkereinheit (auf den Hut aufgesetzt oder nebenstehend) mehrmals abgekühlt und jeweils wieder erhitzt wird. In einer Kolonne geschieht das Kondensieren auf den Glockenböden, und das mehrmals hintereinander – in einem Brennvorgang.

Einen Verstärkerboden mit Glocke muss man sich wie eine Käseglocke vorstellen, die am Boden in der Mitte ein Loch hat. Der Dampf kommt von unten herauf, kondensiert an der Glocke und wird vom »Käsebrett« aufgefangen. Der Überhang rinnt in den darunterliegenden Boden. Der nachströmende Dampf erhitzt die am Boden gesammelte Flüssigkeit und diese verdampft und steigt in den nächsten Boden hinauf. Dort passiert wieder dasselbe und der Alkoholgehalt im Dampf steigt kontinuierlich. Meist hat eine solche Verstärkeranlage drei bis vier Böden. Danach erreicht der hochprozentige Dampf den Dephlegmator (Wasserbehälter am Kopf der Brennerei). Das schwerer flüchtige restliche Wasser kondensiert und wird in die Brennblase zurückgeleitet. Der nicht kondensierte, leichter flüchtige Alkohol kommt ins Geistrohr und kondensiert im Kühler zu anfangs fast reinem Alkohol. Theoretisch könnte man mit noch mehr Böden einen 96-prozentigen Alkohol erzeugen. Das ist aber nur in Labors notwendig.

## Vakuumdestillation

Eine neue Entwicklung bei der Edelbrandherstellung ist die Vakuumdestillation. Der Siedepunkt der Maische ist unter Druck – der im Kessel zwangsweise herrscht – wesentlich höher als ohne Druck. Der Siedepunkt ist vom Umgebungsdruck abhängig, das kennen wir vom Wasser. Je größer die Seehöhe, umso früher beginnt das Wasser zu sieden.
Also wird bei der Vakuumdestillation mit Pumpen in der Apparatur ein Unterdruck erzeugt – die Luft abgesaugt – und so eine schonendere Gewinnung des Alkohols mit niedrigeren Temperaturen erzielt. Auch die Aromastoffe sind dadurch reiner. Allerdings fehlt diesen Produkten aber auch ein Teil der Aromen, die durch das »Kochen« im weitesten Sinn entstehen.

## Das Lagern und Trinkfertigmachen

Edelbrände sind Naturprodukte und sehr wohl auch Veränderungen unterworfen. Wir bezeichnen diese Veränderung als »reifen«. Beim Wein kennen wir das alle. Im Spätherbst, zu Martini, gibt es in allen Weinregionen den Jungwein, Junker oder wie immer er auch heißt. Es ist der erste Wein des Jahres und meist sehr jugendlich und frisch. Im folgenden Frühjahr kommen üblicherweise die »fertigen« Weine des vergangenen Jahres auf den Markt, und manche gerbstoffreichen Rotweine werden über Jahre gelagert, bis sie abgefüllt werden.
Ganz ähnlich ist es bei den Destillaten. »Junker-Destillate« gibt es zwar keine, aber nach mindestens einem halben Jahr Reifung sind sie meist schon sehr gut. Die verschiedenen Aroma-Komponenten brauchen Zeit, um zu reifen und genussfertig zu werden. Das Destillat ruht hochprozentig, das heißt, dass das Mittelstück, so wie es aus dem Kessel kommt, rastet. Die Behälter sind idealerweise aus Nirosta. Diese sind nicht nur luftdicht, sondern auch lichtdicht. Glasbehälter sind – dunkel gelagert – auch geeignet,

*Der Dampf wird mehrmals abgekühlt: Verstärkeranlage eines Kolonnenbrenners*

aber das Risiko, dass bei der Handhabung einmal einer zu Bruch geht, ist nicht unbeträchtlich. Zur Lagerung geeignet wären auch Behälter aus Keramik, die früher weit verbreitet waren. Alle Behälter aus Kunststoff sind für diese hochprozentigen Destillate weniger geeignet.

Einige Monate sollte die Lagerung mindestens dauern. Danach kann der Brand »heruntergesetzt« werden. Das ist nichts anderes, als dass das Destillat mit Wasser verdünnt wird. Das kann mit destilliertem Wasser geschehen, das man selbst im Kessel herstellt, oder aber mit sehr weichem Leitungswasser. Einige Brenner schwören auch auf bestimmte Quellen, als Wasserspender. So hat jeder sein eigenes »Rezept«. Auch nach dem Verdünnen muss der Brand etwas ruhen. Dieses Reifen kann man steuern. Soll es schneller gehen, muss man den Behälter einfach in einen wärmeren Raum stellen und ab und zu umrühren – lüften –, damit etwas Sauerstoff dazukommt. Will man das Reifen verzögern, stellt man den Schnaps luftdicht verschlossen in einen möglichst kalten Raum.

Eine ganz besondere Form der Lagerung erfolgt in Holzfässern. Dafür nimmt man meist kleine für die Weinlagerung optimale Fässer. Gut geeignet sind Fässer ab 50 Liter bis zu den Barrique-Fässern mit 225 Litern. Je neuer das Fass und je kleiner, umso intensiver ist die Holznote. Drei- bis viermal kann ein Fass mit Destillat befüllt werden, danach ist es ausgelaugt.

Die Entscheidung über die Holzart ist eine Frage der Philosophie. Am beliebtesten ist die Eiche. Sie gibt, je nach Toastung, karamellige, vanillige, leicht süßliche Noten ab. Über die Poren des Holzes kann ein Austausch mit dem Holz und der Luft stattfinden. Das bedingt die Reifung des Destillats. Spannend ist aber auch das Lagern der Brände in anderen Hölzern. Das ergibt immer interessante Geschmacksvarianten. Ganz etwas Besonderes sind Brände, die in ihrem

*Die Entscheidung über die Holzart ist eine Frage der Philosophie: Hier wird Kirschbrand in Kirschholz gelagert*

eigenen Holz gelagert werden wie zum Beispiel Kirschbrand in Kirschholz.

Die Dauer der Lagerung erfordert Fingerspitzengefühl. Der Brand liegt nicht wirklich ruhig im Fass. Er verhält sich eher wie auf einer Hochschaubahn. Am Anfang ist logischerweise die Frucht vorherrschend, dann kommt die Fassnote dazu. Etwas später ist die Eiche dominierend und die Frucht verschwunden, um dann einige Zeit später wieder zum Vorschein zu kommen. Ich nenne da bewusst keine Zeiteinheiten, denn die gibt es nicht, da hilft nur kontinuierliches Beobachten und Verkosten durch den erfahrenen Edelbrenner. Ist er dann mit der Qualität zufrieden, wird der holzgelagerte Brand in geschmacksneutrale Behälter gefüllt und bis zum Verkauf gelagert.

## Lagerung daheim

Auch im privaten Haushalt sollten unbedingt ein paar Punkte bei der Lagerung beachtet werden.

- Wichtig ist: dunkel lagern! Sofern der Edelbrand nicht in dunkle Flaschen abgefüllt wurde, muss die Flasche dunkel gelagert werden. Das ist ganz wichtig auch bei Likören, diese bekommen leicht einen Gelbstich. Leider setzen sich die lichtdichten Flaschen nicht überall durch, da man in den glasklaren Flaschen den »Klaren« so schön sehen kann.

- Die Flaschen sollten nicht extremer Hitze ausgesetzt sein, was aber nicht heißt, dass sie gekühlt gehören. Kalt serviert werden nur Brände, bei denen man ein schlechtes Gewissen hat und einen Fehler verdecken möchte. Ideal ist eine kühlere Raumtemperatur.

- Da Sauerstoff das Reifen fördert, sollte man danach trachten, die Flaschen nach dem Öffnen auch bald zu genießen. Eine offene Flasche hält natürlich über ein Jahr, aber die Qualität wird sich verändern. Behelfen kann man sich, indem man eine halb volle Flasche in eine entsprechend kleinere Flasche umfüllt. Somit ist der Anteil Luft wieder kleiner und die Qualität bleibt besser erhalten.

## Fehler, die nicht passieren sollten

*»Warum soll ich einen Fehler öfter machen,*
*es gibt ja so viele verschiedene.«*
*(Kursteilnehmer bei den Mostbarkeiten)*

Auch den routiniertesten Brennern passieren manchmal Fehler – ein paar der häufigsten möchte ich nicht verschweigen.

### Rohmaterial

Zum Ersten passieren die Fehler bereits beim Rohmaterial. War das Obst zu unreif für den Brand, dann fehlt beim Verkosten das Fruchtaroma, die Brände duften eher krautig und grasig. Überreifes Obst hat eine sehr teigige, fast oxydative Aromatik. Bei unsau-

*Dunkel lagern: Ein Schrank mit Holztüre eignet sich besonders gut*

berem Obst oder gar angefaulten Früchten findet man die Fehler dann in der Maische. Diese Fehler sind mikrobiell bedingt. Aber auch wenn wir dafür sorgen, dass das Obst nie den Boden berührt und verletzungsfrei ist, haben wir noch immer nicht gewonnen. In der Umwelt gibt es genug Bakterien und wilde Hefezellen!

Waren ein paar verletzte Früchte in der Maische und die zugesetzten Hefen und Enzyme haben nicht rasch genug gearbeitet, so kann Essigsäure entstehen. In hoher Konzentration erkennbar durch ein Stechen in der Nase, in geringerer durch Essiggeschmack. Sie kann beim Brennen nicht abgetrennt werden, anders als der Essigester, der beim Abtrennen des Vorlaufs abgeschieden werden kann. Essigester ist der typische Lösungsmittelton.

Der Acrolein-Stich (e und i getrennt gesprochen!) entsteht, wenn säurearme Maischen nicht angesäuert wurden oder verschmutztes Obst eingemaischt wurde. Dieser Fehler wird von den Brennern sicher nicht übersehen, da der tränengasartige, stechend scharfe Geruch (ähnlich dem Krenn) sich früh in der Brennerei ausbreitet und den Brenner selbst schnell an die Frischluft treibt.

Der Steinton als »Fehler« ist eine ganz spezielle Sache. Wann ist er ein Fehler? Der eine liebt dieses Bittermandelaroma und kann nicht genug davon bekommen, der andere mag kein Marzipan und wird den Brand sofort abwerten. Zu starker Steinton entsteht dadurch, dass entweder die Kerne zerstört oder die Maische zu lange gelagert wurde oder auch dass zu viele Kerne beim Brennen im Kessel waren. Benzaldehyd ist die Ursache des Bittermandelaromas und wäre in großen Mengen sogar gesundheitsschädlich. So viel können wir aber nicht an Bränden genießen, dass wir in die Nähe der Gesundheitsgefährdung kommen würden. Ein dezenter Steinton ist bei vielen Destillaten erwünscht, allerdings darf er nicht so vorherrschen, dass die Frucht im Duft nicht mehr erkennbar und der Brand am Gaumen und im Abgang bitter ist.

## Abtrennen

Ist der Rohstoff perfekt und die Maische gesund, können noch immer Fehler passieren, etwa beim Abtrennen des Vorlaufs und Nachlaufs.

- Der **Vorlauf** enthält Methanol und Ethylacetat (Essigester). Methanol ist stechend scharf und Ethylacetat ist verantwortlich für den »UHU-Ton«. Es riecht nach Lösungsmittel oder Nagellack. Beide sind in hohen Konzentrationen sehr gesundheitsschädlich und dürfen nicht getrunken werden. Früher war das Doppelbrennen und Abtrennen der Fraktionen nicht üblich, und so kam es tatsächlich oft zu schweren Gesundheitsschädigungen, die bis zur Blindheit gehen konnten. Dadurch ist auch der schlechte Ruf des Schnapses zustande gekommen! Wichtig ist zu wissen, dass die tollen Aromen beim Brennen unmittelbar nach dem Vorlauf kommen. Es hilft also nichts, den Vorlauf zu großzügig abzutrennen, damit man ganz sicher keinen Vorlauf im Destillat hat, man würde zu viele Aromastoffe verlieren. Wichtig ist in diesem Fall das exakte Abtrennen.

- **Nachlauf** ist schwieriger zu erkennen und bedarf einiger Erfahrung beim Abtrennen. Nachlauf riecht schal und dumpf bis faulig. Der Geruch der ausgebrannten Schlempe ist ein gutes Beispiel dafür. Es sind Fuselöle und höherwertige Alkohole, die diesen »Anti-Duft« erzeugen. Durch frühzeitiges Abtrennen des Mittelstückes kann man den Nachlaufgeschmack reduzieren. Da man dadurch aber auch die Menge des Herzstücks reduziert, ist es durchaus möglich, den gesammelten Nachlauf nochmals zu brennen und die ersten Liter des neuen Herzstücks zum Destillat hinzuzufügen. Der Rest des gereinigten Nachlaufs lässt sich wunderbar zu sauberen, fruchtigen Likören verarbeiten.

*Das Abtrennen der Fraktionen beim Feinbrand erfordert einige Erfahrung: Verschlussbrennerei*

# EDELBRAND RICHTIG GENIESSEN

## Wie Sie die Sensorik beim Kosten einsetzen

1. Zuerst füllen Sie das Glas bis zu seiner größten Ausdehnung mit Edelbrand und greifen es am Stiel an. Jetzt die Sensorik in Erinnerung rufen und Sinne einschalten: Ohren, Augen, Fühlen, Riechen, Schmecken.

2. Den Edelbrand oder den Likör vor einem weißen Hintergrund betrachten, ob er keine Trübungen oder Oxydationen aufweist. Dann anstoßen, damit wir vom Brand auch etwas hören.

3. Eventuell die Augen schließen. Tief ausatmen und über dem Glas tief Luft holen. Voller Konzentration die Gerüche aufnehmen und zu erkennen versuchen. Die primären Aromen sollten erkannt werden. Frucht, Sorte ...

4. Jetzt mit dem Schwenken beginnen. Dadurch erhöht sich die benetzte Oberfläche. Es ist wichtig, dass möglichst viele Duftmoleküle die Nase passieren, damit wir den Brand in seiner Vielfältigkeit genießen können. Jetzt sollten auch die sekundären Aromen, die durch die Bearbeitung entstehen, zugeordnet werden können. Interessant ist, dass der Mensch offensichtlich nicht mit beiden Nasenlöchern gleich gut riecht, deshalb das Glas ein paarmal vor der Nase hin und her führen

5. Nun kommt der erste Schluck. Es sollte wenig Edelbrand mit sehr viel Luft auf der Zunge landen. Dafür ist es notwendig und erlaubt zu schlürfen. Die Oberfläche des hochprozentigen Geistes soll

durch das gleichzeitige Einatmen von Luft möglichst groß werden, ähnlich wie bei Seifenblasen.

6. Den Geist möglichst lang auf der Zunge lassen, bevor man ihn die Kehle hinunterrinnen lässt. Viele Aromen können dadurch retronasal noch einmal in die Nase zu den Riechschleimhäuten gelangen. Erst jetzt kann man das ganze Spektrum des Brandes beurteilen und eine Aussage über die Harmonie machen.

7. Jetzt genüsslich zurücklehnen, das Glas noch weiter halten und noch ein paarmal hineinschnuppern.

## Kleine Gläserkunde

Dass der Edelbrand aus einem Glas und nicht aus der Flasche genossen werden soll, ist unbestritten. Aber auch beim Glas, das man serviert, gibt es große Unterschiede. Ich möchte Sie dazu motivieren, einen einfachen Test zu machen. Sie haben sicher verschiedene Gläserarten zu Hause. Suchen Sie ein einfaches Wasserglas oder Longdrinkglas, ein kleines Stamperl oder auch Wodkaglas, vielleicht haben Sie auch noch irgendwo einen Cognacschwenker oder ein großes Rotweinglas, das auch ähnliche Eigenschaften hat. Und dann sollte in dieser Reihe auch noch ein richtiges Edelbrandglas (Grappaglas) stehen. Wenn Sie noch andere Gläsertypen finden, stellen Sie sie dazu. Bitte beachten Sie, dass Gläser, die lang in einem Karton oder Kasten verstaut waren, oft einen Fremdgeruch haben können – also alle einmal schnell durchspülen.

Jetzt geben Sie in jedes Glas in etwa die gleiche Menge eines Edelbrandes. Und dann beginnen Sie zu probieren. Zuerst brauchen Sie nur zu riechen. In welchem Glas können Sie welches Aroma wie stark riechen?

Beim Stamperl ist das Aroma schon mal schwach ausgeprägt und im Cognacglas ist der Edelbrand nur alkoholisch. Dann versuchen Sie zu schwenken und das Glas möglichst großflächig zu benetzen. Das ist beim Stamperl und Wodkaglas unmöglich, beim Longdrinkglas schon eher, und im Weinglas ganz gut. Und jetzt bitte riechen.

- Sind die Fruchtkomponenten schön erkennbar?
- Sticht der Alkohol in der Nase?

In Gläsern, die keinen Bauch haben, kommt nicht viel zur Nase, im Wodkaglas, behaupte ich, gar nichts. Beim Cognacschwenker beziehungsweise dem Rotweinglas riecht man die Kraft, den Alkohol, aber die interessanten Fruchtaromen werden vom Alkohol zugedeckt. Allein im Edelbrandglas, das einen kleinen Bauch hat, können sich die Aromen voll entwickeln. Sie werden im Kamin gebündelt, und so haben Sie ein Maximum an Aroma in der Nase, die den vollen Genuss ermöglichen.
Probieren Sie das unbedingt, Sie werden nie mehr einen Fruchtbrand im Stamperl trinken wollen.
Die Steigerung der Qualität bei den Bränden hat auch

eine Verbesserung der Glaskultur bedingt. Mittlerweile gibt es nicht mehr nur ein Edelbrandglas. Es wurden Gläser für Steinobst, Kernobst, Beerenobst und viele andere Spezialitäten entwickelt. Das ist aber die »Oberliga« für absolute Spezialisten, die noch mehr Unterschiede herausarbeiten wollen. Für den Genießer und auch für Brenner, die Verkostungen anbieten, ist es ausreichend, ein schönes, einfaches Edelbrandglas zu verwenden. Man sollte darauf achten, dass der Rand keinen Glaswulst hat, sondern geschliffen ist. Diese Gläser sind in der Handhabung zwar etwas empfindlicher, aber das Abrinnen des Klaren in den Mund ist intensiver.

Genauso wichtig wie beim Wein ist es, dass das Glas einen Stiel hat. Zum einen greift man das Glas am Stiel an, damit sich die Temperatur des Inhalts nicht durch die Körperwärme verändert. Probieren Sie es ruhig einmal aus. Zwei Gläser mit optimal temperiertem Brand gleich voll einschenken und eines ein paar Minuten in der Hand halten – Sie haben zwei verschiedene Brände vor sich! Zum anderen soll die Hand möglichst weit weg von der Nase sein. Es kann sein, dass die Hand einen eigenen Geruch hat, etwa nach dem Parfum duftet, das die Damen bevorzugt auf die Armbeuge auflegen, oder nach der Seife vom Händewaschen riecht. All das kann den Gesamteindruck verändern.

Auch beim Einschenken kann man Fehler machen. Bei Gläsern mit Bauch, also unserem Edelbrandglas, und auch beim Weinglas immer nur bis zur weitesten Ausdehnung des Bauchs, also wo der Bauch am »dicksten« ist, einschenken. So hat man die Möglichkeit, großzügig zu schwenken, und die Größe der benetzten Oberfläche, aus der sich die Gerüche entwickeln können, ist optimal. Schenkt man das Glas bis zum Kamin voll, kann man nicht schwenken, und auch die Oberfläche, aus der die Gerüche entweichen, ist zu klein. Da kann man dann gleich ein einfaches Stamperl nehmen.

## Genussregeln für den Edelbrand

### Genuss braucht Zeit

Nimm dir Zeit, genießen kann man nicht nebenbei und schon gar nicht den Edelbrand. Durch achtloses, schnelles Hinunterschütten hat der Schnaps ein schlechtes Image bekommen.

### Genuss muss erlaubt sein

Hat Ihnen der Arzt das Stamperl verboten, dann bitte halten Sie sich auch daran! Es gibt viele andere Genussmöglichkeiten. Viele wurden im vorderen Teil erwähnt. Mit schlechtem Gewissen genießt es sich ganz schlecht. Autofahrer können sich ohne schlechtes Gewissen ein Stamperl gönnen, allerdings erst zu Hause.

### Genießen kann man nicht nebenbei

Ein Stamperl Schnaps und ein Bier – Herrengedeck. Einfach so nebenbei und achtlos genossen, kommt der Edelbrand nicht auf seine Rechnung. Widmen Sie dem Brand die nötige Aufmerksamkeit.

### Wissen, was einem gut tut

Die Dosis macht's. Passt kaum irgendwo besser als beim Edelbrand. Ein (oder zwei) Glaserl verträgt fast jeder. Deshalb: in Maßen, dafür lieber öfter genießen.

### Weniger ist mehr

Der schlechte Ruf von Schnaps kommt vom übertriebenen Genuss. Gönnt man sich ab und zu ein Stamperl, so ist es gesünder, wenn man den Edelbrand bewusst genießt.

### Ohne Erfahrung kein Genuss

Sie sind am besten Weg, sich genug Erfahrung und Kompetenz im Zusammenhang mit Edelbränden anzueignen. Dadurch steigern Sie selbst Ihr Genusserlebnis beim Schluckerl Edelbrand.

*Genusserlebnis vom Feinsten:*
*Edelbrandlager eines bäuerlichen Brenners*

## Genuss ist alltäglich

Ich kann jeden Tag etwas zum Genießen finden, es muss nicht unbedingt ein Edelbrand sein, aber es kann natürlich ein edler Brand sein. Wenn ich ihn nach allen Regeln des Genusses zu mir nehme, wird er mir sicher nicht schaden, und ich kann mein tägliches Schluckerl ohne schlechtes Gewissen genießen. Aber: Der Edelbrand sollte im Glas genossen werden und nur eines täglich. Da der Edelbrand eindeutig dem Genuss zuzuordnen ist, ist er auch das Synonym fürs Genießen. Ein kleines Schluckerl mit allen Sinnen genießen ist etwas, das uns dem Alltagstrott genüsslich entschweben lässt.

Ideal sind Edelbrände zum Verschenken. Im nächsten Jahr kann man wieder eine andere Sorte schenken. Der Beschenkte hat jede Menge Genüsse vor sich und freut sich bestimmt schon auf etwas Neues.

Auch als »Betthupferl« hat der Edelbrand seine Bedeutung. Die einen naschen noch kurz vor dem Zu-Bett-Gehen, die anderen genießen noch ein Stamperl. Ein kleiner Schluck nach dem Essen und/oder bevor die Gäste nach Hause gehen wird einen unvergesslichen Eindruck hinterlassen. Damit werden Freundschaften besiegelt und das richtige Genießen weitergetragen.

## Mariagen – Kombinationen mit Edelbränden

Ist es sinnvoll, zwei oder mehr intensiv schmeckende, edle Produkte gleichzeitig in den Mund zu nehmen, die beide einen Soloauftritt verdient hätten? Crossover in der Kulinarik? Eindeutig ja. In den kommenden Beispielen zeige ich Produkte, die sich toll ergänzen. Ein bekanntes Beispiel für eine gelungene Mariage ist die von Wein mit Käse und Brot.

Was kann zusammenpassen? Als angenehm empfinden wir bekanntlich süß und sauer oder süß und bitter. Salzig passt zu allem. Unangenehm dagegen wären die Kombinationen von zwei bitteren Produkten oder von zwei sauren oder von einem sauren und einem bitteren. Edle, dezente Noten dürfen allerdings nicht von kräftigen Noten überdeckt werden. Das eine stiehlt nämlich dem anderen die Show und der Genuss weicht einem eher irritierenden Erlebniseffekt.

### Schokolade und Edelbrand

Schokolade rege die Sinne an und wecke die Lust, wussten bereits die Mätressen am Hofe Ludwigs XV. Frauen greifen häufiger zur Schokolade als Männer. Das liegt auch am fallenden Serotoninspiegel vor und während der Periode. Serotonin ist ein stimmungsfördernder Botenstoff. Daher wird Schokolade gern als Seelentröster benutzt; der Serotoninspiegel steigt und die aufgekommene Schwermut verpufft. Schoko-

lade enthält außerdem Theobromin und Koffein, die anregend auf das Herz-Kreislauf-System wirken. Die Leistungsfähigkeit wird gesteigert und Gefühle von Müdigkeit verschwinden.

Die in hoher Konzentration in der Schokolade vorkommenden Polyphenole sind Bioaktivstoffe, die das Herz und die Blutgefäße schützen. Sie küren die Schokolade zum »Functional Food«. In der braunen Substanz sind außerdem Endorphine enthalten. Diese sorgen für Entspannung und Hochgefühl. Kein Wunder, dass wir nur zu gerne zu Schokolade in jeglicher Form greifen. Also ein echt gesundes Genussmittel. Schokolade mit Edelbrand ist wohl die bekannteste Mariage. Man denke nur an die Schokoladefläschchen mit Edelbrand als Behang für den Christbaum. Auch Kakaogetränke mit Geist haben viele Liebhaber. Warum ist das so?

Mit Hilfe von Alkohol oder Emulgatoren kommt eine Vereinigung von Fett (Schokolade) und Flüssigkeit zustande. Schnäpse besitzen genug Alkohol, um diese Emulsion am Gaumen entstehen zu lassen.

Ein weiterer Grund für die sinnvolle Edelbrand-Schokolade-Mariage ist ein Ergänzungseffekt: Fett und Zucker vermögen die Alkoholschärfe zu dämpfen, der Alkohol mildert die Süße der Schokolade. Weine dagegen haben nur ein Drittel so viel Alkohol wie Edelbrände, daher ist eine angemessene Mariage physikalisch nur möglich, wenn man entsprechend wenig Schokolade mit dem Schluck Wein im Gaumen kombiniert.

Elegant ist es, einen passenden Edelbrand zu einer Schokolade-Nachspeise zu servieren, oder aber gleich ein paar verschiedene Schokoladen zu besorgen und gemeinsam mit den Gästen auszuprobieren. Diese Kombination ermöglicht exquisites Genießen.

Beim Genuss von Schokolade zusammen mit Edelbränden gibt es zwei Vorgehensweisen: nacheinander oder zugleich. Bei Ersterem verbinden sich die Aromen und Sinneseindrücke sozusagen abstrakt, bei Letzterem ergibt sich ein neues Ganzes, eine Art Cuvée.

## Wie genießt man richtig, damit es am Gaumen kitzelt?

- Riechen Sie erst am Edelbrand und dann probieren Sie ihn.
- Machen Sie nun dasselbe mit der Schokolade. Sie werden, wie beim edlen Brand, viele verschiedene Geschmacksaromen finden.
- Ein Stück Schokolade im Mund zergehen lassen und nun mit dem Edelbrand zusammen genießen. Bei Traumpaaren erleben Sie ein wahres Feuerwerk an Geschmackserlebnissen in Ihrem Mund.
- Sowohl Schokolade wie Edelbrand sollten möglichst lang parallel im Mund wahrgenommen werden, das heißt, weder die Schokolade noch der Brand sollen im Mund überwiegen.
- Das alles zusammen möglichst lang im Mund behalten und erst dann schlucken. Ein Geschmackserlebnis der Sonderklasse!

## Kombinieren nach Harmonie oder Gegensatz

Je höher der Kakao-Anteil, desto kräftiger sollte de Edelbrand sein. Für das harmonische Zusammenspie von Brand und Schokolade ist nämlich der Kakao-Anteil verantwortlich. Je nachdem wie hoch diese ist, dominieren die süßen oder die edelherben Komponenten das Geschmacksbild.

Es gibt Edelbrände, die zu Schokolade passen, andere nicht. Was schlussendlich zusammenpasst, ist immer auch eine persönliche Geschmackssache Eine gelungene Kombination findet man nur durch das Trial-and-Error-Verfahren. Ein paar bewährte Kombinationen möchte ich Ihnen aber dennoch vorschlagen.

Die vielseitigste Schokolade für Edelbrand-Mariagen ist eine Bitterschokolade mit zirka 70 Prozent Kakaoanteil. Sie passt hervorragend zu Steinobstbränden wie Kirsch und Weichsel. Sehr vielseitig wäre auch ein Bananenbrand, den es allerdings nur selten gibt. Ein Vogelbeerbrand würde gut zu einer noch höherprozentigen Schokolade passen – aber das ist dann schon wirklich bitter! Die Williamsbirne passt interessanterweise gut zur weißen Schokolade. Schokoladen, die mit diversen Aromen versetzt sind, sollte man eher meiden, außer sie haben das Fruchtaroma, das zum Fruchtbrand passt. Eine Ausnahme bei den aromatisierten Schokoladen ist die Marzipanschokolade, sie passt hervorragend zu den bereits erwähnten Steinobstbränden oder aber auch zu Zwetschke und Marille.

## Hot Chocolate mit Esprit

Nach einem Spaziergang im Schnee in eisiger klarer Luft gibt es nichts Köstlicheres als eine Tasse heiße Schokolade mit einem Häubchen Schlagobers und einem Kirsch-Edelbrand. Das Wintergetränk weckt die erstarrten Sinne und wärmt die Lebens- und Lustgeister.

Trinkschokolade soll auf jeden Fall einen Kakaoanteil zwischen 65 und 85 Prozent aufweisen. Schließlich wird sie bei der Zubereitung noch verdünnt. Nur die beste und frischeste Milch sollte Verwendung finden. Wer es besonders gehaltvoll liebt, darf ein Drittel der Milch durch Obers ersetzen. Nicht umrühren, nur ruhen lassen. Die Milch nur erhitzen, nicht aufkochen, da sie ansonsten flach wird. Die Vermischung von Milch und Schokoladenpulver erfolgt durch zartes Verquirlen. Danach mehr oder weniger Steinobst-Edelbrand einfließen lassen. Kurz warten und mit einem Häubchen Schlagobers und einem Hauch Kakaopulver krönen. Dann die Komposition servieren und genießen ...

## Schokolade-Meditation

Da die Schokolade definitiv ein Genussmittel ist, soll sie auch so genossen werden. Damit man sich aber dem Genuss hingeben kann und sich kein schlechtes Gewissen einnistet, versuchen Sie es einmal mit der Schoko-Meditation:
Sie nehmen ein kleines Stück Bitterschokolade und legen es vor sich hin. Jetzt die Schokolade genau betrachten: Ist sie dunkel, hell ...? Anschließend Ruhe einkehren lassen, Augen schließen und tief durchatmen. Nun die Schokolade in den Mund legen. Und zwar nur legen, nicht lutschen oder schlucken. 20 Sekunden liegen lassen, dann schieben Sie das Stück in die Wange und warten wieder 20 Sekunden. Anschließend unter die Zunge legen, 20 Sekunden warten und abschließend in die andere Wange und wieder so lange warten. Den Rest jetzt wieder auf die Zunge schieben, und erst wenn endlich alles weggeschmolzen ist, genussvoll schlucken. Danach langsam die Augen öffnen. Der ganze Mund wirkt ausgekleidet mit viel Schokolade. Da diese Aktion einige Zeit dauert und Sie voll darauf konzentriert sind, kommt es auch im Hirn an: »Ich esse Schokolade!« So haben Sie den größten Schokoladegenuss, ohne wirklich viel gegessen zu haben!

## Kaffee und Edelbrand

Allein die Schweizer Tradition, Kaffee mit einem Schuss Kirschschnaps zu trinken zeigt uns, dass diese Kombination keine große Innovation ist. Die Italiener haben ihren Caffè Coretto mit Grappa, und die Schweden geben Aquavit und ein Eigelb in den Kaffee. Also »neu« ist diese Mariage nicht, aber leider fast in Vergessenheit geraten.

Kaffee ist ein Genussmittel mit stetig steigender Beliebtheit. Im Hochland von Äthiopien liegt die Heimat des Kaffeebaumes. Von den Arabern geht die Kunst des Kaffeegenusses aus, sie entdeckten um 1500 die Veredelung durch Röstung. Bald gab es dort die ersten Kaffeehäuser. In der Folge wurde der Kaffeebaum in den Kolonialländern kultiviert. Als Sorten haben sich Arabica- und Robusta-Arten etabliert.

Arabica ist führend im Anbau. Fast 70 Prozent der Sorten im Anbau sind Arabica-Sorten. Sie haben einen relativ geringen Säure- und Koffeingehalt. Je nach Sorte und Herkunft entwickeln sich beim Rösten die vielen Aromen. Generell hat die Sorte Arabica einen feinen, süßlichen Geschmack.

Robusta ist im Anbau – wie schon der Name sagt – wesentlich widerstandsfähiger und auch viel ertragreicher als andere Sorten. Der Kaffee ist allerdings deutlich bitterer und säuerlicher. Dafür ist der Koffeingehalt fast doppelt so hoch wie beim Arabica Im Handel werden verschiedene Mischungen aus diversen Sorten und unterschiedlich intensive Röstungen angeboten. Die bekanntesten möchte ich kurz vorstellen.

- Der **Espresso** ist eine Mischung aus verschiedenen Arabica-Bohnen mit einem kleinen Anteil Robusta-Bohnen. Damit dieser intensiv-würzige Espressogeschmack entsteht, werden die Bohnen länger geröstet. Aufgrund dieser langen Röstung hat der Kaffee weniger Koffein als andere Sorten. Für das Schaumkrönchen sorgen die Robusta-Bohnen.

- **Mokka** ist im Grunde noch kräftiger geröstet und die Bohne wird feiner vermahlen. Damit kann man den echten türkischen Kaffee zubereiten. Original wird türkischer Kaffee direkt mit Wasser und Zucker mehrmals aufgekocht und gemeinsam mit dem Sud getrunken. Er schmeckt vollmundiger und wesentlich kräftiger als jeder andere Kaffee.

- **Filterkaffee** wird nicht ganz so fein vermahlen, auch werden die Bohnen nicht sehr dunkel geröstet. Das Kaffeepulver kommt in Filtertüten und das kochende Wasser wird darübergegossen. Durch den vergleichsweise langen Kontakt mit Wasser wird mehr Koffein herausgelaugt.

- Die **Wiener Mischung** ist eine Arabica-Mischung, die nicht ganz so dunkel wie ein Espresso ist, aber dunkler geröstet wird als der Filterkaffee. Mit den Bohnen wird auch etwas Zucker mitgeröstet, damit erhält der Kaffee ein karamelliges Aroma.

Der Hauptwirkstoff des Kaffees, das Koffein, bewirkt eine Stimulierung des Zentralnervensystems, wodurch Wachsamkeit, Konzentration, Verdauung und Leistungsfähigkeit gefördert werden. Jedoch wirkt Koffein auch harntreibend, weshalb Kaffeegenuss

*Kaffee als Genussmittel mit steigender Beliebtheit: Ein Schluck Kirschbrand in die Crema ist ein besonderes Erlebnis*

recht skeptisch betrachtet wird. Wenn Kaffee jedoch regelmäßig in konstanten Mengen konsumiert wird, kommt es aufgrund eines Gewöhnungseffekts zu keiner erhöhten Wasserausscheidung. Kaum zu glauben ist auch die Wirkung, dass man unmittelbar nach dem Kaffeegenuss besser einschläft. Das Schlafzentrum im Gehirn wird besser durchblutet und man schläft vorerst besser ein. Allerdings beginnt nach 15 Minuten der anregende Effekt zu dominieren.
Grundsätzlich gilt, dass der Kaffee immer ohne Zucker und Mich getrunken werden sollte. Zum einen können so die Aromen erst richtig beurteilt werden, da Milch und Zucker sehr stark den Geschmack beeinflussen können, und zum anderen ist der Kaffee ohne Milch angeblich verträglicher. Auf jeden Fall trifft das auf laktoseintolerante Kaffeetrinker zu.
Zur Hochkultur der verschiedenen Sorten und Geschmäcker hat es eine Kaffeefirma mit ihren kultigen bunten Kapseln gebracht. Den verschiedenen Farben sind einzelne Röstungen und Sortenmischungen zugeordnet, welche sehr gut im Geschmack unterschieden werden können. Der so zubereitete Kaffee ist sehr gut bei einer Verkostung mit Edelbränden verwendbar. Ein »Vivaldo« ist sehr blumig, ein »Cosi« ist leicht zitrustönig, beerig ist der »Decaffeinato«. Ein »Roma« hat Holznoten und ein »Arpeggio« eher Kakaotöne. Allein diese Beschreibungen können als Anhaltspunkte für die Kombinationen genommen werden. Ich empfehle Ihnen Ihre Edelbrände einmal mit »Cosi«, »Livanto« (sehr dicht und samtig) und »Restretto« (kräftig und intensiv, leicht säuerlich) zu versuchen.

## Wie soll man die beiden zusammen genießen?

Als Erstes sollte der Genießer die für ihn maßgeschneidert passende Kombination finden. Ganz bestimmt wird es so sein, dass sich die traditionellen traditionellen Mariagen, wie zum Beispiel Kaffee und

Kirsch ergänzen werden. Es können aber an Stelle der Kirsche auch andere Steinobst-Arten versucht werden.
Eine weitere Kombination liefern uns die Italiener mit ihrem »korrigierten« Espresso (Cafè Coretto) mit Grappa. Statt Grappa kann man auch andere Destillate aus Wein wie Trester oder Trauben-Fruchtbrände probieren. Zum Schluss kann man die Vogelbeere oder eine Schlehe einplanen. Der Phantasie sind keine Grenzen gesetzt. Probieren Sie ganz einfach, was Ihnen unterkommt, und suchen Sie Ihre beste Kombination, für den »sonntäglichen« Gebrauch aus.
Hat man sich die beiden Partner ausgesucht – einen Kaffee und einen dazu passenden Edelbrand –, so ergeben sich mehrere Möglichkeiten des gemeinsamen Genießens:

- Beide hintereinander: zuerst den Edelbrand verkosten und bewerten, dann den Kaffee und dann noch einmal das Destillat.

- Den Edelbrand in den Kaffee gießen und gemeinsam genießen: Bei dieser Variante hat sich ausnahmsweise Zucker als notwendig herausgestellt. Als Aufputschmittel besonders empfehlenswert!

- Besondere Genießer trinken den Espresso ganz schnell und füllen den Brand in die noch warme Espressotasse, um den Kaffeeschaum mit dem Geist auszulöffeln.

Spannende Impressionen bringen Rezepte, die Sie im Internet finden können, wie Irish Coffee oder Pharisäer und Almkaffee. Aber auch kalte Mixgetränke können mit Kaffee und Destillaten versucht werden. Der Eiskaffee ist wohl der bekannteste Vertreter: Über den Schlag eine kräftige Portion Weichsellikör zu gießen ist eine willkommene Variante. Oder aber

den kalten Kirschkaffee, den man zubereitet, indem man einen Teil kalten Espresso, einen Teil Kirschsaft und einen Teil Kirschedelbrand mit zerkleinertem Eis vermischt. Zum Abschluss eines Menüs serviert, kann man nur noch sagen: Wohl bekomm's!

## Käse und Edelbrand

Ebenso zum Abschluss eines Menüs wird gern Käse gereicht. Käse schließt den Magen, heißt es. Üblicherweise wird Wein zum Käse getrunken, aber warum nicht einmal einen Edelbrand probieren? Man kann eine ganze Einladung nur mit Käse und Edelbränden gestalten. Dieses Thema kann man fast endlos perpetuieren, so viele verschiedene Käsesorten und Destillate wie es gibt.
Ins Käsefondue der Schweizer gehört seit jeher ein kräftiger Schluck Kirschbrand. Bei den französischen Käseherstellern ist es üblich, Käse mit Cognac oder Calvados zu »waschen« – zu affinieren. Auch in Österreich wird es immer mehr zum Trend, regionale Käse mit regionalen Bränden zu affinieren. Und was passt dann besser zu diesem affinierten Käse wie eben dieser Brand?

Käse gibt es praktisch seit der Sesshaftigkeit der Menschen. Die ersten Käse wurden aus Sauermilch hergestellt. Durch Erhitzung gewinnt man Topfen und der reift zu Käse. Einen entscheidenden Qualitätssprung brachte die Entdeckung der Wirkung des Labferments, das aus Kälbermägen gewonnen wird. Die Herstellung war bis ins 19. Jahrhundert eine familiäre Angelegenheit, deshalb gibt es auch heute noch diese vielen regional unterschiedlichen Käsesorten. Schwerpunktmäßig wird harter Käse eher in den Alpentälern des Westens erzeugt und der milde Käse oder auch Frischkäse eher im Osten Österreichs.
Käse ist in der Auflistung der Kombinationsmöglichkeiten insofern eine Ausnahme, da Käse kein Genussmittel darstellt, sondern ein Grundnahrungsmittel, das durch die Kunst der Käser allerdings wieder zu einem Genussmittel geworden ist.

**Grob unterschieden werden die Käse in:**

- Frischkäse, wie Topfen, Gervais, Bojar
- Weichkäse, wie Camembert, Brie, Österkron und Kracher
- Schnittkäse, wie Edamer, Gouda, Grieskirchner, Tilsiter, Mondseer, Fasslkäs'
- Hartkäse, wie Alpenemmentaler, Bergkäse, Asmonte oder Grana

Interessant fürs Verkosten mit Bränden ist die Art der Reifung, die sowohl Aufschluss über das Aroma gibt als auch bei der Zuordnung der Käse zu den Hochprozentigen hilft. Es gibt die einfache Milchsäure-Reifung, hauptsächlich bei den Schnittkäsen. Die Rotkultur auf Käsen kommt durch das Einreiben mit Salz und Rotkulturbakterien zustande. Der Edelschimmel – eine Weißschimmelreifung – ist erwünscht bei allen Camembert- und Brie-Typen, oder der Blauschimmel bei allen Gorgonzola-Typen. Ein besonderer Genuss sind die Doppelschimmel-Gereiften, das heißt außen weißer Edelschimmel

und innen grün-blauer Edelschimmel, wie beim Dolce bianca, oder außen Rotkultur und im Inneren Blauschimmel wie beim Steirerschimmel. Am auffälligsten ist die Gärungsreife. Dabei bilden sich im Käse Kohlensäurebläschen, die uns dann als Löcher im Käse bekannt sind.

## Wer passt zu wem?

Ganz grob kann man sagen, milder Käse passt zu nicht intensiven Bränden. Intensive Käse zu aromatischen Bränden braucht schon etwas Erfahrung. Generell gilt, dass holzgelagerte Brände bei Verkostungen mit Käse – außer eventuell mit geräuchertem Käse – nichts verloren haben.

Fruchtbrände, wie die von Apfel oder Williamsbirne, sind wahre Tausendsassa. Sie passen zu fast allen Käsearten. Ausgesprochen gut finde ich die Kombination Williams-Edelbrand mit einem Steirerschimmel oder auch Gorgonzola.

Bei einer Mariage von einem Camembert und einem Beerenbrand wie der Himbeere kann es schon passieren, dass die Himbeere die Lautere ist und sich durchsetzt – was auch nicht unbedingt schlecht sein muss.

Steinobstbrände verlangen schon etwas reifere, würzigere Käsearten. Der Marzipanton oder auch der Schokoton müssen schon ganz gut abgestimmt sein, um keine Disharmonien entstehen zu lassen. Am ehesten passen Schnittkäse-Arten dazu.

Die intensivsten und reifsten Käse passen am besten zu den Bränden aus Wein oder Wildobstarten. Aber Vorsicht, wie bereits erwähnt müssen diese besonders exakt abgestimmt werden, damit nichts schiefgeht. Aber trotzdem einfach probieren, vielleicht ist ja eine Geschmacksexplosion dabei.

Wie wird der Edelbrand mit dem Käse genossen? Ganz einfach ähnlich wie bei der Schokolade. Man verkostet den Edelbrand zuerst, dann kommt der Käse in den Mund, ihn etwas zerkleinern und anschließend mit dem Geist das Ganze zu einer Mariage bringen und gemeinsam schlucken. Hat diese Mischung einen angenehmen Nachklang, so kann man davon ausgehen, dass die beiden zusammenpassen. Wollen Sie mehrere Mariagen hintereinander verkosten, sollten Sie dazwischen unbedingt kühles Wasser trinken – zum »Abkühlen« der Sinne! Sollte eine Kombination einmal überhaupt nicht gepasst haben, kann man mit einem Stück Weißbrot den Gaumen am schnellsten wieder neutralisieren.

## Zigarren und Edelbrand

Ein weiteres, ebenso umstrittenes Genussmittel wie Hochprozentiges sind Zigarren, Zigaretten oder Pfeifentabak. In sehr vielen Lokalen gibt es ein Rauchverbot und auch im eigenen Heim sollte ein Raucher die nichtrauchende Familie schützen. Ich selbst bin Nichtraucher, schätze aber den besonderen Duft mancher Tabake. In Maßen und mit Rücksicht auf die Umgebung genossen, hat aber bestimmt niemand etwas gegen diesen besonderen Genuss einzuwenden.

Es ist tatsächlich etwas ganz Besonderes, eine Zigarre (das Gleiche gilt auch für gute Zigarillos und Pfeifentabake) zu rauchen und sich einen Brand dazu

*Verschieden starke Toastungen ergeben verschieden intensive Holzaromen*

zu gönnen. Erfunden haben diese Kombination vermutlich schon die Inkas, lang vor Columbus. Sie verwendeten diese Mariage für religiöse Rituale. Aller bekannt ist der »typische« Kubaner mit einer Zigarre im Mund und einem Glas Rum.

Tabak braucht zum Wachsen eine üppige Vegetation und einen besonders guten Boden. Der Boden macht die unterschiedliche Qualität aus. Aus der Dominikanischen Republik kommt Tabak mit süßlichem, nussartigem Geschmack, der honduranische Tabak ist robuster und würziger, Erd-, Kaffee- und Honigtöne findet man im Tabak aus Kuba.

## Warum schmeckt Aficionados diese Kombination so gut?

Durch das Glimmen der Zigarre werden die fester Bestandteile gespalten, zerstört und manche vorerst nicht flüchtigen Stoffe »befreit«. Alle zusammen bilden das aromatische Bouquet. Allerdings gibt es neben den wasserlöslichen Aromen auch alkohollösliche. Rauche ich »trocken«, kann ich nur die wasserlöslichen Aromen über den Speichel wahrnehmen. Trinke ich nur einen kleinen Schluck Branc dazu, verteile ich alle Aromen im gesamten Mundbereich und auch die alkohollöslichen Aromen werden wahrgenommen. Dieses Zusammenspiel de Aromen der Zigarre (wasser- und alkohollösliche und der Aromen des Destillats bilden den hochgeistigen Genuss!

Die Balance zwischen Brand und Zigarre zu finder ist Erfahrungssache. Es hat keinen Sinn, spezielle Zigarrenmarken und dazu passende Brände zu definieren. Aficionados (Zigarrenliebhaber) haber ihre persönlichen Lieblingstabake und dürfen ruhig selbst ausprobieren, was alles dazu passt. Ein paa Grundregeln möchte ich Ihnen aber dennoch mitgeben:

- Wie bei allen vorangegangenen Mariagen gilt: leichte Tabake, leichtere Brände, kräftige Tabake, kräftige Brände. Zu starke »Charaktere« auf beiden Seiten sind schwer zu kombinieren.

- Wichtig ist, zu wissen, dass Zigarren am Anfang noch nicht so intensiv schmecken, im Mittelstück würziger werden und gegen Ende auch sehr stark. Darauf sollte man unbedingt Rücksicht nehmen. Die Balance zwischen Edelbrand und Zigarre verändert sich dahingehend, dass zuerst das Destillat dominierend und am Ende die Zigarre die Tonangebende ist.

- Das kann aber so gesteuert werden, dass man am Anfang einen fruchtigeren Brand serviert und gegen Ende der Zigarre etwas Deftigeres. Zu bittere Brände sollten allerdings ausgelassen werden, da sie störend wirken.

- Wichtig ist es auch, den Alkohol nur in ganz kleinen Schlucken in den Mund zu nehmen, diesen Schluck im Mund fast verdampfen zu lassen und erst dann wieder einen Zug an der Zigarre zu machen. Sonst werden nämlich die Geschmacksnerven überstrapaziert und streiken am Ende.

- Als Klassiker werden zur Zigarre Cognac und Whisky getrunken. Als Innovation hat der Verkostungspionier Wolfram Ortner eine neue Edelbrand-Gruppe kreiert, die sich »Zigarrenbrände« nennt. Das sind Brände, die einen Alkoholgehalt von über 43 Prozent vol. haben und im Fass gelagert wurden. So haben auch die »Fruchtbrenner« die Tür zu den Rauchern aufgestoßen. Ich möchte aber unbedingt betonen, dass diese Brände auch ohne Zigarre ausgezeichnet munden.

- Grundsätzlich sollten nur in Holz gelagerte Destillate zur Zigarre getrunken werden. Die geschmackgebende Toastung des Fasses ist durch Räuchern im Fass entstanden, und so ist der Bogen leicht zum Tabak gespannt.

Ab und zu kann und soll man sich diesen Genuss ruhig gönnen, aber wie bei allem gilt: Die Dosis macht's!

## Tee und Edelbrand

Eine zusätzlich mögliche Mariage für Gourmets ist Edelbrand mit Tee. Im herkömmlichen Sinn ist diese Kombination natürlich nicht neu, da der Schnapstee (oder Schnaps mit Tee, je nach Mischungsverhältnis) in allen Alpenregionen in verschiedenster Form traditionell üblich ist.
Der Edelbrand soll ja nicht getrunken werden, wenn er zu kalt ist, da sich die flüchtigen Aromen nicht entwickeln können. Durch die Wärme des Tees hingegen werden die Aromen besonders gut dargestellt, wenngleich man sehr darauf achten muss, ein einwandfreies Destillat zu verwenden, denn die Fehler können sich auch potenzieren und dadurch ganz besonders stark aufdrängen.
Bereits vor 5000 Jahren soll in China Tee getrunken worden sein. Durch die Kolonisation kam der Tee auch nach Europa, und da setzte er sich zuerst vorrangig in

England durch. Auch die Ostfriesen haben eine sehr entwickelte Teekultur. Da der Tee mit heißem, also gekochtem Wasser zubereitet wird, wurde er im Mittelalter sehr stark propagiert. Schließlich war Wasser ungekocht nicht immer bekömmlich, weshalb oftmals zu alkoholischen Getränken gegriffen wurde.
Bei uns sind die verschiedenen Kräutertees und Früchtetees beheimatet. Sie enthalten kein Koffein, sondern haben entweder eine heilende oder zumindest wärmende Wirkung.
Die meisten Tees stammen von den Blättern des Teebaums. Die verschiedenen Sorten entstehen durch verschiedene Erntezeitpunkte, Anbauregionen und die weitere Verarbeitung. Die erste Ernte nach dem Winter ist der »First Flush«, die zweite Pflücke nennt sich »Second Flush« und die letzte »Autumnal«. Die bekanntesten Teeregionen sind Darjeeling und Assam in Indien, Ceylon in Sri Lanka sowie Nepal, Kenia und China.
Die Weiterverarbeitung der Teeblätter, und nicht etwa die Sorte, entscheidet darüber, ob es ein weißer, grüner oder schwarzer Tee wird! Weißer Tee ist nicht fermentiert, nur getrocknet und entspricht einem Kräutertee. Grüner Tee wird kurz gedämpft und anschließend getrocknet. Dadurch behält er die grüne Farbe und die Inhaltsstoffe sollen durchs kurze Erhitzen in höherer Konzentration erhalten bleiben. Schwarzer Tee wird fermentiert, das heißt, durch Aufschließen und Oxydation werden die Aromen so verändert, dass sie besonders gut schmecken.
Die Mariage-Möglichkeiten sind ähnlich denen des Kaffees. Entweder werden Destillat und Tee im Mund vereint oder aber bereits in der Tasse. Das bedeutet: Das Destillat wird in die Tasse gegossen. Die Teesorten, die man wählt, sollten einem selbst ungezuckert gut schmecken, sonst werden die folgenden Verbindungen auch nicht munden.
Beim Kombinieren sollte man die Grundgeschmäcker der Tees beachten:

Weißer Tee ist mild und zart blumig im Geschmack, wird jedoch stärker, wenn man ihn länger ziehen lässt beziehungsweise öfter aufgießt. Grüner Tee hat auch einen leichten Charakter, ist grün-grasig und zartherb. Zu diesen beiden Tees passen besser die klaren Fruchtbrände von Apfel, Williamsbirne oder Beeren. Sie fügen sich wesentlich besser ein als Brände mit Steinton.

Schwarzer Tee reicht von süßlich blumig bis zu kräftig gerbstoffreich, malzig, kraftvoll, anhaltend. Zu beachten ist, dass viele der Schwarztees aromatisiert sind. Diese Aromen unbedingt bei der Auswahl der dazu passenden Brände berücksichtigen. Zu diesen Tees kann man ruhig Zigarrenbrände oder in Eiche gelagerte Kreszenzen probieren.

Kräutertees wie Pfefferminze können ebenso passen wie die unterschiedlichsten Früchtetees. Ein Traubenbrand passt hervorragend zu Minze, und zu Früchtetees passt natürlich immer die namengebende Variante.

Die Grundregel für alle anderen Mariagen gilt auch hier: Frisches, Fruchtiges und Leichtes zusammenbringen und Kräftiges und Intensiveres gemeinsam genießen. Der Variationsmöglichkeiten sind immer sehr viele, ob eine dabei ist, die Sie in Ihr Repertoire aufnehmen, ist Ihnen überlassen. Vielleicht erfinden Sie eine Mariage, die ganz besonders schön harmoniert.

## Geräuchertes und Edelbrand

In Österreich haben die Buschenschenken und Heurigenwirte eine große und lange Tradition. Das Schnapserl nach der Jause ist Pflicht. Aber wie gut Edelbrände zu Geräuchertem passen, muss erst noch unter die Genießer gebracht werden. Ob geräucherte Lachsforelle, Mullbratl, Speck oder luftgetrockneter Schinken – und dazu kräftige Edelbrände: eine Gaumenfreude!

Räuchern ist neben Trocknen und In-Alkohol-Einlegen eine der ältesten Konservierungsarten. Das Selchen, wie es auch genannt wird, ist nichts anderes als Konservierung durch den Rauch, der beim Verbrennen von Holz entsteht. Je weiter das Fleisch von der Feuerstelle entfernt ist, desto niedriger ist die Temperatur des Rauches. Je niedriger die Temperatur, umso länger dauert das Räuchern, umso höher ist der Wasserverlust und umso intensiver ist der Geschmack. Meist werden Fleisch und Würste geräuchert, aber auch Fisch und Käse bekommen durch das Räuchern eine ganz besondere Geschmacksnote. Der Rauch ist eben nicht nur Konservierungsmittel, sondern auch Geschmacksträger.

Von Region zu Region haben sich unterschiedliche Techniken des Räucherns entwickelt, die heute noch angewendet werden. Am häufigsten wird das Warmräuchern praktiziert. Dabei entwickeln sich in der Räucherkammer Temperaturen zwischen 30 und 50 Grad. Das Räuchergut wird vorher etwa zwei Wochen lang gebeizt und dann anschließend über drei bis vier Tage in der Räucherkammer geräuchert. Kalträuchern mit Temperaturen um etwa 20 Grad ist eher in den südlicheren Bundesländern beheimatet. Hier ist auch noch der luftgetrocknete Prosciutto oder Vulkanoschinken verbreitet. Das ist ein Schinken, der in eine Salzlake getaucht wird und danach meist über ein Jahr gekühlt und trocken nachreift. Es gibt aber auch noch das Heißräuchern. Dies geschieht bei Temperaturen um die 80 Grad und dauert nur einen Tag. Diese Technik wird bei der bäuerlichen Herstellung eher selten angewendet. Die Haltbarkeit des Fleisches ist nicht sehr groß, und das Fleisch muss daher auch noch extra gekocht werden. Meist kommt das Fleisch auch nicht mehr mit Rauch in Kontakt, sondern nur mehr mit Raucharoma. Der Gewichtsverlust ist dafür nicht sehr groß, was dieses Verfahren für die industrielle Fertigung interessant macht.

Beim Genießen des Geräucherten mit Bränden ist zu beachten, dass Wasser und auch Brot bereitstehen sollten. Das Wasser ist wichtig, damit man den Durst, der bei Geselchtem hochkommt, stillen kann, und das Brot, das sowieso dabei sein sollte, hat auch noch die Aufgabe, den Gaumen nach den Experimenten zu neutralisieren.

Ich empfehle für den ersten Versuch sich jeweils ein Stück von Heißgeräuchertem, Warmgeräuchertem und Kaltgeräuchertem beziehungsweise luftgetrocknetem Fleisch vorzubereiten. Schinken ist ideal, da er etwas Fettanteil hat, aber nicht nur Fett ist. Passend wäre noch eine geräucherte Forelle oder Lachs. Ein geräucherter Käse würde das Ganze perfekt abrunden.

Bei der Auswahl der guten Geister brauchen wir uns nur vor Augen zu führen, welche Aromen im Geräucherten vorkommen. Zum einen sind es die Raucharomen, die sich durchs Toasten auch in den in Holz gelagerten Bränden beziehungsweise in Zigarrenbränden finden. Dann die Gewürze, mit denen das Fleisch gebeizt wurde: Wacholder, Kümmel. Also passen auch Wurzelbrände, Wacholderschnaps und sicher auch eine würzige Vogelbeere.

Da Geräuchertes sehr intensiv gewürzt und gesalzen ist, kann ein zarter Fruchtbrand wie eine Himbeere si-

cher nicht am Gaumen bestehen. Ein Holunderbrand ist da schon besser. Auch trinken wir gern Wein zur Jause, folglich passen auch Tresterbrände (Grappa), Weinbrände oder Traubenfruchtbrände gut dazu.
Ich möchte gar nicht mehr Vorgaben machen. Probieren Sie einfach einiges durch. Es muss nicht immer ein Wein als Begleiter einer Jause fungieren. Verschiedene Edelbrände, mit viel Wasser genossen, sind eine ausgesprochen anregende Alternative. Und keine allzu große Angst vor dem Alkoholgehalt: Ein kleines Stamperl (2 cl) entspricht der Menge des genossenen Alkohols von einem Sechzehntelliter Wein.

## Edelbrand mit Likör oder Edelbrand

Mit dieser holprigen Bezeichnung ist nichts anderes als die Verwendung des Edelbrands in einem Cocktail gemeint. Man kann natürlich Edelbrände und Liköre für die Herstellung von Cocktails verwenden. Der größte Nachteil, den ich dabei sehe, besteht darin, dass es durch Zugabe von intensiven geschmackgebenden Zutaten ganz egal ist, ob ich einen guten Edelbrand oder einen Wodka verwende. Die Lebendigkeit und der Charakter edler Destillate gehen leicht unter. Daher empfehle ich die behutsame Kombination und die Mischung von höchstens zwei Komponenten, die zusammenpassen. Williamsbirnen-Nektar mit Williams-Edelbrand oder dasselbe mit Marille etc. Ein Vogelbeerbrand oder ein Enziangeist, aufgespritzt mit Soda, als Longdrink ist ein toller Aperitif. Etwas halbaufgeschlagenes Schlagobers langsam über einen Löffel in ein Glas mit Zigarrenbrand rinnen lassen ergibt einen tollen optischen und geschmacklichen Effekt. Grundsätzlich gilt: zuerst die leichtere Substanz ins Glas und dann die schwerere, fette oder gezuckerte Komponente. Vielleicht finden Sie eine tolle Kombination, die dem Edelbrand würdig ist, dann teilen Sie es mir bitte mit. Ich lasse mich gern überraschen.

# KOCHEN MIT EDELBRAND

Edle Brände kann man natürlich auch in der Küche verwenden, wo sie in die Gerichte »eingebaut« werden können. Sei es beim Dünsten, Marinieren, Affinieren, Parfümieren oder Flambieren. Ein paar Rezepte zu diesen Anwendungen sollen Sie zur Kreativität auffordern.
Will man mit Edelbränden kochen und verfeinern, muss man einiges beachten:

- Der Alkohol beginnt bei zirka 78 Grad zu verdampfen. Beim Backen im Rohr oder in Öl verschwindet er fast gänzlich. Kocht man mit offenem Deckel, ist der Alkohol und mit ihm das Aroma bald durch den Dunstabzug draußen. Also besser dünsten und das mit geschlossenem Deckel (maximal zehn Minuten).

- Beim Flambieren bleibt relativ viel Alkohol zurück. Etwa 80 Prozent des Edelbrands sind nach dem Erlöschen der Flamme noch im Gericht. Den Alkohol zuvor leicht erwärmen, dann muss der Gehalt an Alkohol nicht so hoch sein. Zum Beispiel den Brand gleich in die warme Pfanne geben und darin flambieren und servieren.

- Am wirkungsvollsten ist es, wenn man die Destillate erst den fertigen Gerichten zugibt: Entweder darüberträufeln, den Kuchen tunken, mit einer Pipette impfen oder mit einem Zerstäuber beduften. Die Aromen sind sehr flüchtig, deshalb sollte man den Zerstäuber erst anwenden, wenn das Gericht bereits serviert wurde!

- Edle Brände immer vorsichtig dosieren. Erstens dürfen sie im Gericht nicht hervorschmecken und zweitens spielt der verbleibende Gehalt an Alkohol auch noch eine Rolle!

*Flambiertes brennt nur, wenn der Alkohol stark genug ist: Historische Brennprobe*

- In eine Marinade eingebaut, muss der Edelbrand mit allen anderen Bestandteilen harmonieren.
- Bei Fruchtdesserts und Marmeladen muss die Frucht mit den edlen Geisten unbedingt abgestimmt werden.
- Grob kann man sagen: Kräftige Brände (Zwetschke, Kirsche etc. sowie Zigarrenbrände) und Geiste aus Kräutern wie Wachholder passen zu Gerichten aus dunklem Fleisch, Williams-, Apfel- und Beerenbrände zu Fisch oder hellem Geflügel

## Schafkäse mit Himbeeressig und Mohnöl auf bunten Blattsalaten, mariniert mit Apfel- oder Himbeerbrand

Zutaten (für 4 Personen)
2 Rollen Schaffrischkäse
bunte Blattsalate
Kräuter und Wiesenblumen (Gänseblümchen, Taubnessel, Löwenzahn, Primel usw.)
2 Paradeiser

Fürs Dressing:
Mohnöl
Himbeeressig
2 cl Himbeerbrand
Salz
alles gut verrühren

Bunte Blattsalate waschen und trocken schleudern. Auf Teller geben, mit Paradeiserspalten und Schafkäse umlegen. Mit Dressing marinieren, Kräuter und Blumen drüberstreuen.

*Guten Appetit wünscht Familie Krenn aus Stangles.*

# Flambierte Leber

Zutaten (für 4 Personen)
4 Scheiben Leber vom Lamm, Kalb oder Zeburind
etwas Mehl
Äpfel und Lauch (in Ringe geschnitten)
3 EL Fett
Majoran, Salz, Pfeffer
6 cl Apfelbrand
0,125 l Apfelsaft oder Most
etwas Pfefferkörner
3 TL Zucker
5 EL Sahne

Äpfel mit einem scharfen Messer schälen. Apfelspalten bereiten und zur Seite stellen. Leber mit Küchenkrepp abtupfen, in Mehl wenden und leicht abklopfen. Das Fett in einer beschichteten Pfanne heiß werden lassen und die Leber von jeder Seite eine Minute braten, warm stellen. Mit Pfeffer, Salz und Majoran würzen. Inzwischen die Apfelspalten und den Lauch etwas im Bratenrückstand anbraten, mit Apfelbrand flambieren und mit dem Apfelsaft/Most etwas einkochen. Tipp: Beim Flambieren darf die Pfanne nicht bewegt werden, da die Flamme sonst zu früh erlischt und das Gericht spritig werden kann.
Die warm gestellte Leber leicht im Flambierfond anwärmen, etwas Zucker auf die Leberscheiben streuen und mit einem Bunsenbrenner karamellisieren, den Fond mit etwas Sahne einkochen. Die Leber sollte im Kern zart rosa sein. Die Leberscheiben auf vorgewärmten Tellern anrichten, mit den Äpfeln und Lauch servieren.

*Guten Appetit wünscht Thomas Riederer*

## Mohn-Honig-Parfait mit Apfelbrand verfeinert

Zutaten (für 4 Personen)
3 Eier
50 g Zucker
2 EL Honig
100 g gemahlener Graumohn
Prise Zimt
4 cl Apfelbrand
0,5 Liter Schlagobers

Eier mit Zucker schaumig rühren, Honig, Zimt, Mohn und Apfelbrand dazugeben, Schlagobers steif schlagen, beide Massen gut verrühren, in Formen füllen und zirka 12 Stunden einfrieren. Dazu passt sehr gut ein Apfel-Rhabarber-Strudel.

## Halbgefrorenes

Zutaten (für 4 Personen)
3 Eigelb
50–100 g Zucker
0,5 l Schlagobers
0,4 cl Edelbrand
100–200 g Fruchtzubereitung oder Nüsse oder Schokolade ...

Eidotter und Zucker über Dampf aufschlagen, geschlagenes Schlagobers einheben, Edelbrand und Fruchtzubereitung unterheben, in eine Form füllen und mindestens sechs Stunden einfrieren. Je mehr Alkohol dazugegeben wird, umso weniger fest wird das Halbgefrorene.

*Guten Appetit wünschen Familie Krenn aus Stangles und Greithandl's Culinarium*

# Schokokuchen mit Kirsch-Edelbrand

Zutaten (für 4 Personen)
50 g dunkle Kuvertüre
40 g Butter
30 g Staubzucker
2 Dotter
2 Eiklar
20 g Kristallzucker
20 g Kakao
Pipette mit Kirsch-Edelbrand

Kuvertüre im Wasserbad schmelzen, Butter mit Staubzucker schaumig rühren, Eidotter langsam dazugeben, dann die geschmolzene Kuvertüre vorsichtig einrühren, anschließend noch den Kakao dazugeben. Die Masse in 4 kleine Tassen im Wasserbad füllen und zugedeckt bei 160 Grad 30 Minuten im vorgeheizten Rohr backen. Man kann auch zuerst nur die Hälfte einfüllen, 15 Minuten backen und dann erst die zweite Hälfte einfüllen und wieder 15 Minuten backen. Mit einer Pipette den Kirsch-Edelbrand aufziehen und den Kuchen in den Tassen beimpfen oder aber den Kuchen mit einer vollen Pipette servieren. Mit Staubzucker und Minze garnieren.

*Guten Appetit wünscht Sabine Fließer-Just*

## Mostliwanzen mit beschwipster Powidlmarmelade

Zutaten (für 4 Personen)
15 g frische Hefe
20 g Staubzucker
250 ml Most mit Restsüße oder Apfel-Holler-Cidre
150 g glattes Mehl
2 Eier
geriebene Zitronenschale
Prise Salz
Butterschmalz zum Ausbacken,
Vanillezucker, Zimt, Staubzucker, Powidlmarmelade

Hefe zerbröseln, mit dem Zucker und etwas lauwarmem Most verrühren. In das Mehl den restlichen lauwarmen Most, die Eidotter, geriebene Zitronenschale, eine Prise Salz und die aufgelöste Hefe geben, einige Minuten gut verrühren. Der Teig soll dickflüssig sein und Blasen werfen. Bei Zimmertemperatur (oder im warmen Rohr bei 30 bis 40 Grad) mindestens eine halbe Stunde stehen lassen. Vor dem Ausbacken den steif geschlagenen Eischnee unterheben.
In die Vertiefung einer Liwanzenpfanne (oder in eine normale Pfanne) etwas Butterschmalz geben und je einen guten Esslöffel Teig einfüllen. Langsam und sanft auf beiden Seiten goldbraun backen.
Powidlmarmelade mit einem Schuss Birnenschnaps (Dornbirne) und etwas Zimt verrühren.
Die fertigen Liwanzen mit vanilliertem Zimt-Zucker bestreuen und mit der beschwipsten Powidlmarmelade anrichten.

*Guten Appetit wünscht Gasthof Langmayr*

## Mit Apfelbrand flambierte Mostpalatschinken

Zutaten (für 4 Personen)
125 g Dinkelmehl
125 ml Milch
125 ml Apfelmost
2 Eier
Prise Salz
Fett zum Ausbacken
Zimt, Zucker zum Bestreuen

Für die Fülle:
1 EL Nüsse
1 EL Dörrzwetschken
1 EL getrocknete Marillen
125 g Apfelmus
1 EL Blütenhonig
1 Msp. Lebkuchengewürz
1 Spritzer Apfelbrand (Rubinette)

Zum Flambieren:
Apfelbrand (Rubinette)

~

Fülle: Nüsse, Dörrzwetschken und Marillen klein hacken. Die Nuss-, Zwetschken- und Marillenwürfel mit dem Apfelmus mischen, mit dem Blütenhonig süßen und das Lebkuchengewürz daruntermengen. Einen Spritzer Apfelbrand dazugeben und die Fülle abschmecken.
Mehl, Milch, Apfelmost, die Eier und eine Prise Salz zu einem Teig verrühren und eine halbe Stunde quellen lassen. Palatschinken in heißem Fett herausbacken und die Fülle aufstreichen. Die Palatschinken zu Dreiecken falten, mit Zimt-Zucker bestreuen. Die gut gezuckerten Palatschinken mit Apfelbrand flambieren und dekorativ anrichten.

*Guten Appetit wünscht Gasthof Langmyr*

# LIKÖR

Der Likör ist ein beliebtes »Nebenprodukt« der Destillerien. Viele Konsumenten schätzen die besondere Fruchtigkeit dieser Getränke, die meist auch einen wesentlich niedrigeren Alkoholgehalt haben. In Destillerien fallen immer wieder einwandfreie Brände an, die für Frucht- oder Kräuterliköre bestens geeignet sind. Laut Lebensmittelkodex muss ein Likör, der in den Verkauf gebracht wird, einen Zuckergehalt von mindestens 10 Prozent und einen Alkoholgehalt von mindestens 15 Prozent Vol. haben. Die Rezepte sind teilweise über Generationen überliefert, teilweise neu entwickelt. Ein Klassiker in vielen Regionen ist zum Beispiel das »Zirberl«, dabei werden zirka fünf Zirbenzapfen etwa zwei bis drei Wochen in einem Brand angesetzt und dann etwas gesüßt. Auch der Nusslikör ist sehr beliebt und wird in vielen Haushalten noch selbst gemacht. Pro Liter Ansatzschnaps wird eine Handvoll grüner Nüsse, die Ende Juni geerntet werden, angesetzt. Bei einem Weichsellikör oder bei angesetzten Schwarzbeeren können die Früchte mitgegessen werden. Kräuterbitter-Mischungen fertigt man mit etwas Erfahrung selbst an oder man kauft in Apotheken eine fertige Mischung. Diesen Kräuterbitter kann man dann nach Belieben süßen.

Die Herstellung eines eigenen Likörs ist denkbar einfach. Anhand eines Apfellikörrezepts möchte ich Sie motivieren, selbst kreativ zu werden.

## Apfellikör

½ Liter Apfel-Edelbrand mit zirka 40 Prozent Vol.

½ Liter Apfelsaft, klaren Direktsaft am besten vom Bauern

Beides vermischen, eventuell mit wenig flüssigem Zucker noch süßen, eine kleine Zimtrinde und 2 Gewürznelken einlegen, dunkel und bei kühler Raumtemperatur 14 Tage stehen lassen, abseihen, und fertig ist der Apfellikör.

Variieren kann man mit den Fruchtsäften, den Zucker kann man auch karamellisiert dazugeben. Als Gewürze können Vanille, Orangen- und Zitronenschalen Verwendung finden.
Beim Ansetzen mit frischem Obst ist zu beachten, dass die Likörbereitung etwas länger braucht – etwa zwei bis drei Monate. Ist der Fruchtlikör zu kräftig ausgefallen, wurden zu wenige Früchte verwendet – und umgekehrt. Ideal ist ein Verhältnis von vier Teilen Edelbrand mit 40 Prozent Vol. Alkohol, zwei bis drei Teilen Früchte und einen halben bis einen Teil Zucker. Die angesetzten Früchte können nach dem Abseihen hervorragend für die Garnierung von Desserts wie Eis usw. verwendet werden.
Setzt man Kräuter oder Gewürze an, so müssen sie gut zerkleinert beziehungsweise im Mörser gemahlen werden. Man kann etwa fünf Esslöffel Kräuter oder fünf Teelöffel Gewürze für einen Liter Ansatzschnaps rechnen. Bei diesen Varianten passt Honig sehr gut zum Süßen.
Sollte der Likör eine unerwünschte Trübung aufweisen, kann man ihn ein paarmal durch einen Kaffeefilter filtern.
Gutes Gelingen!

500
450
400
350
300
250

# VOM BEWERTEN UND PRÄMIEREN

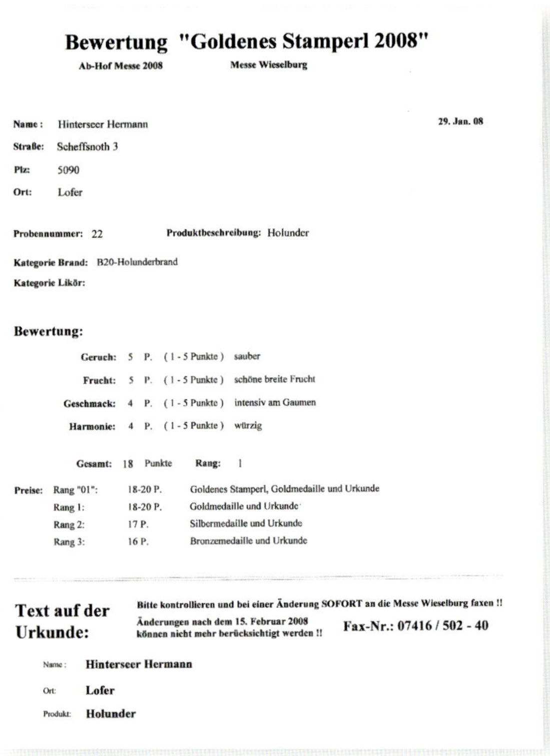

**Bewertung "Goldenes Stamperl 2008"**

**Ab-Hof Messe 2008** **Messe Wieselburg**

**Name:** Hinterseer Hermann **29. Jan. 08**

**Straße:** Scheffsnoth 3

**Plz:** 5090

**Ort:** Lofer

**Probennummer:** 22 **Produktbeschreibung:** Holunder

**Kategorie Brand:** B20-Holunderbrand

**Kategorie Likör:**

**Bewertung:**

| | | | | |
|---|---|---|---|---|
| **Geruch:** | 5 | P. | ( 1 - 5 Punkte ) | sauber |
| **Frucht:** | 5 | P. | ( 1 - 5 Punkte ) | schöne breite Frucht |
| **Geschmack:** | 4 | P. | ( 1 - 5 Punkte ) | intensiv am Gaumen |
| **Harmonie:** | 4 | P. | ( 1 - 5 Punkte ) | würzig |

**Gesamt:** 18 Punkte **Rang:** 1

| | | | |
|---|---|---|---|
| **Preise:** | Rang "01": | 18-20 P. | Goldenes Stamperl, Goldmedaille und Urkunde |
| | Rang 1: | 18-20 P. | Goldmedaille und Urkunde |
| | Rang 2: | 17 P. | Silbermedaille und Urkunde |
| | Rang 3: | 16 P. | Bronzemedaille und Urkunde |

**Text auf der Urkunde:**

**Bitte kontrollieren und bei einer Änderung SOFORT an die Messe Wieselburg faxen !!**

**Änderungen nach dem 15. Februar 2008 können nicht mehr berücksichtigt werden !!** **Fax-Nr.: 07416 / 502 - 40**

Name: **Hinterseer Hermann**

Ort: **Lofer**

Produkt: **Holunder**

# BEWERTUNGSSYSTEME

Fast jede Berufsgruppe vergibt einen Award. So ist es auch bei den Edelbrennern. Destillateure haben Landes- und überregionale Bewertungen, europa- und weltweite Bewerbe wie den Alpe-Adria-Bewerb, das Goldene Stamperl, die Destillata und den World-Spirit-Award, die alle in Österreich stattfinden. Je nach Größe des Betriebes und der Art des Vertriebssystems machen die Destillateure bei den unterschiedlichen Bewertungen mit. Es haben sich in Österreich zwei Verkostungssysteme etabliert: Das 20-Punkte-System, nach dem bei den Landesbewertungen und bei der Destillata verkostet wird, und ein 100-Punkte-System beim WSA World-Spirit-Award und der Falstaff-Bewertung.

## 20-Punkte-System

Bei diesem System werden von einer Gruppe von drei bis vier Personen in den folgenden Kategorien Bewertungen abgegeben:

- Geruch/Sauberkeit – das Produkt sollte frei von Fehlern sein
- Frucht/Typizität – der Brand weist die sortentypischen Duftaromen auf
- Geschmack/Sauberkeit – dabei wird der Abgang und das retronasale Verhalten beurteilt
- Harmonie – bewertet den Gesamteindruck. Trotz perfekter einzelner Eigenschaften gibt es Edelbrände, die im Gesamteindruck nicht stimmig sind.
- Es können höchstens fünf ganze Punkte pro Kategorie vergeben werden. Zuerst gibt es eine Einzelbewertung, die anschließend zu einer Gruppenbewertung zusammengefasst wird. Damit dieses Ergebnis auch nachvollziehbar ist beziehungsweise die Verkoster kontrolliert werden können, werden stichprobenartig mehrere Proben doppelt verkostet. Sollte sich außerdem ein Team nicht auf ein Ergebnis einigen können, so kommt das Produkt in die Oberjury.
- 20–19 Punkte: Gold – Finalist, aus denen der Sortensieger hervorgeht
- 18 Punkte: Gold
- 16–17 Punkte: Silber (beim Goldenen Stamperl 17)
- 14–15 Punkte: Bronze (beim Goldenen Stamperl 16)

Eine besondere Variante dieses Systems wurde von der Spirituosen-Akademie in Vorarlberg entwickelt. Die Verkoster geben nur eine schriftlich verbale Beurteilung ab, und anhand dieser werden die Punkte gesondert zugeordnet. Der Verkoster braucht sich so nur auf die Brände zu konzentrieren und kommt nicht in Versuchung, den Brand voreilig mit einer Punkteanzahl zu bewerten.

## Das WOB-System

Dieses System ist exakter und dementsprechend aufwendiger. Jeder Brand wird von sieben Verkostern einzeln beurteilt, die anschließend drei Teambewertungen bilden. Eine Einreichung hier ist auch sehr kostspielig. In fünf Bewertungskriterien können jeweils 20 Punkte vergeben werden. Im Prinzip sind es die gleichen Kriterien wie vorhin erwähnt, nur werden beim WOB-System der Duft und der Geschmack in Typizität/Intensität und Sauberkeit/Fehler differenziert. Die Punkte werden in Form von Zeichen gegeben:

| | | |
|---|---|---|
| (--) | fehlerhaft/sehr schwach | 10 Punkte |
| (-) | schwach | 13 Punkte |
| (O) | o. k./gut | 16 Punkte |
| (+) | sehr gut | 19 Punkte |
| (++) | außergewöhnlich | 20 Punkte |

**Die Punkteverteilung und Prämierung:**

- 95,1–100 Punkte: Doppelt Gold, Weltklasse!
- 90–95 Punkte: Gold, Top-Produkt
- 80–89 Punkte: Silber, gutes bis sehr gutes Produkt
- 65–70Punkte: schwaches oder leicht fehlerhaftes Produkt
- Bis 65 Punkte: fehlerhaftes Produkt

Bei beiden Systemen ist eine Stichwortbeschreibung der Brände vorgesehen. Diese hilft dem Produzenten, das Urteil nachzuvollziehen. Der gebräuchliche Wortschatz ist auf Seite 148 ff. beschrieben.

Eine einheitliche Verkosterschulung gibt es in der Edelbrandbranche nicht. Die Schulung der Verkoster erfolgt durch die Bewertungsorganisationen selbst. Sie werden von der Landwirtschaftskammer oder von Vereinen (wie beispielsweise Mostbarkeiten) organisiert. Der World-Spirits Award bietet sogar eigene »Masters of World-Spirits«-Ausbildungen an.

Mit [★★★★★] Sternen ausgezeichnet von [Büro brandnews Best of Schnaps]

BEST OF schnaps 2009

Brennerei Krenn

Traubenwildkirsch

Jahrgang 2008 41,5 %vol

Perfekte Nase, frisch und fruchtig, intensive Fruchtaromen, hochkonzentriert / feine Lakritze am Gaumen, sehr schöne Balance zwischen Stein und Fleisch der Frucht, rassiger und würziger Charakter, leichter Mentolton, erfrischend / kompakte und füllige Textur, nahezu perfekt, tolles Potential! WELTKLASSE!

Punkte: 19,75

Hermann Botolen
Dipl. Sommelier

Vene Maier
Büro BrandNews

## Ergebnisse nationaler und internationaler Bewertungen

**Destillata:** www.destillata.at
**World Spirits:** www. world-spitits.com

## Ergebnisse in den Bundesländern mit teilweiser nationaler Beteiligung

Burgenland:
www.lk-bgld.at –> Suchbegriff: Schnaps –> Landesprämierung Burgenland für Saft, Most, Essig, Schnaps und Likör 2010

Niederösterreich:
www.messewieselburg.at –> Ab Hof Wieselburg –> Messeinhalt –> Goldenes Stamperl
Hier findet auch die Landesbewertung für Oberösterreich und Salzburg statt.

Steiermark:
www.obstverarbeitung.at

Kärnten:
www.ova-online.at –> Landesprämierung
www.mostbarkeiten.at (Alpen-Adria-Verkostung in Kärnten)

Tirol:
www.amtirol.at –> Suchbegriff: Schnaps

Vorarlberg:
www.laendle.at –> Suchbegriff: Obstprodukte

# KLEINES LEXIKON DER FACHAUSDRÜCKE

**Acetaldehyd**
»Luftgeschmack«, oxydative Noten, positiv beurteilt bei Madeira, Portwein oder Sherry.

**Acrolein**
Bakterielle Spaltung des Glycerins, ein schwerer Fehler, der die Augen reizt.

**Aromen**
- Die primären Aromen sind die Aromen, die wir von der Frucht her erkennen (sollten).
- Sekundäre Aromen entstehen durch die Gärung und Maischeführung.
- Tertiäre Aromen entwickeln sich erst durch die Dauer und Art der Lagerung.

**Äthylen, auch Ethen**
Ein gasförmiger Bioregulator, der die Reifung steuert, Reifungsgas.

**Benzaldehyd**
Bittermandelöl, Steinton in Steinobstbränden, schmeckt nach Mandel und Marzipan.

**Blausäure**
In großen Mengen gesundheitsschädlich, kommt im Kern des Steinobstes vor, unbedenkliche Mengen in Edelbränden.

**Brand**
Durch das Vergären und Brennen von hundert Prozent Fruchtmaische gewonnen. Mindestens alc. 37,5 Prozent vol.

**Edelbrand oder Qualitätsbrand**
Ist ein Brand mit mindestens alc. 38 Prozent vol.

**Enzym**
Biochemischer Katalysator, der Reaktionen beschleunigt, bewirkt zum Beispiel die Verflüssigung der Maische (Pektinase).

**Ethanol**
Weingeist, Reinsprit, 96-prozentiger Alkohol.

**Ethylacetat**
Essigsäure verbindet sich mit Alkohol.

**Ethylcarbamat**
Entsteht bei Lagerung unter Lichteinfluss, besonders bei Steinobstbränden, ungesund.

**Fuselöle**
Sind mittlere und höhere Alkohole, die mit dem Nachlauf abgetrennt werden.

**Gärung**
Hefen verwandeln im Wesentlichen Zucker zu Alkohol und Kohlendioxyd.

**Gaschromatograph**
Analysegerät zur Auftrennung und Bestimmung der Inhaltsstoffe von Flüssigkeiten.

**Geist**
Spirituose, mit einer aromatischen Komponente angesetzt und danach gebrannt.

**Geläger**
Tote Hefe, die sich nach der Gärung absetzt.

**Kaffeebrände**
Sind zum einen Brände, die zu Kaffee passen, können aber auch Destillate sein, die mit Kaffeebohnen angesetzt und anschließend nochmals gebrannt werden (Geiste).

**Kakaobrand**
Wie beim Kaffeebrand, für die Schokolade-Mariage geeignet (siehe Kapitel »Schokolade und Edelbrand«) oder aber mit zerkleinerten Kakaobohnen angesetzt und destilliert.

**Likör**
Spirituose oder Brand (bei Abfindungsbrennern), mit namengebender Frucht oder Gewürzen angesetzt und mindestens 10 Prozent Zuckerzusatz. Der Alkoholgehalt beträgt mindestens 15 Prozent vol.

**Masse Alkohol (alc.-% mas.)**
Ist die Angabe des Alkoholgehalts in Gewichtsprozenten. Der Alkohol ist rund 20 Prozent leichter als Wasser, weshalb Gewichtsprozentangaben immer niedriger als Volumsprozentangaben sind (alc. 40 % vol. entsprechen 33 % mas.). Die Masse ist eine temperaturunabhängige Größe. Mit speziellen Tabellen und einer Waage kann der Alkoholgehalt von Volumen auf Masse umgerechnet werden. Dies spielt eine Rolle beim Verdünnen des Brandes mit Wasser.

**Mazaration**
Auslaugen von Stoffen, zum Beispiel Kräuter in Alkohol ansetzen.

**Methanol oder Methylalkohol**
Giftig, wird beim Brennen mit dem Vorlauf abgetrennt – Steinton.

**Schnaps**
Halb Brand und halb Spirituose, mindestens 35 vol. Prozent

**Spirituose**
Industriell erzeugter Alkohol, am billigsten aus Zucker.

**Strong Spirits**
Klare Brände, die meist um die 50 Prozent oder mehr Alkohol haben. Durch lange Lagerung oft überraschend angenehm zu Trinken.

**Vergällen**
Zusatz von chemischen Mitteln zum Ungenießbarmachen von Alkohol; der Alkohol ist dann steuerbefreit.

**Volumen Alkohol (alc.-% vol.)**
Ist die gebräuchliche Bezeichnung für den Alkoholgehalt auf den Etiketten und gibt den Anteil des Alkohols am Gesamtvolumen an. Ein Nachteil dieser Bezeichnung besteht darin, dass der Brand für das exakte Messen mit einer Spindel genau 20 Grad haben muss.

**Zigarrenbrände**
Sind Brände, die zu Zigarren passen; siehe Kapitel »Zigarren und Edelbrand«.

# BEGRIFFE FÜR DIE BEWERTUNG

| POSITIV | NEGATIV |
|---|---|

## AUSSEHEN

| | |
|---|---|
| klar | trüb |
| schönes Goldgelb | oxidativ |
| klares Hellgelb | Fremdstoffe |
| Zitronengelb | |
| Bernsteinfarben | |
| Honiggelb | |

## GERUCH

### Reintönigkeit

| | |
|---|---|
| sauber | unrein |
| klar | dumpf |
| reintönig | faulig |
| fehlerfrei | stechend |
| | schimmelig |

### Intensität

| | |
|---|---|
| komplex | verhalten |
| intensiv | schwach |
| zart | untypisch |
| feinfruchtig | fehltönig |
| typisch | |
| finessenreich | |

### Beschreibung

| | |
|---|---|
| blumig | gek. Blumenkohl |
| würzig | pafümiert |
| fruchtig | krautig |
| zitronig | ranzig |
| vegetabil | erdig |
| nussig | petrolig |
| süßlich | schwefelig |
| chemisch | Luftton |
| oxidiert | schweißig |
| mikrobiologisch | mäußeln |
| | plastiktönig |

## GESCHMACK

### Reintönigkeit

| | |
|---|---|
| rein | sauer |
| fehlerfrei | muffig |
| sauber | erdig |
| | bitter |
| | scharf |
| | fuselig |
| | krautig |

### Intensität

| | |
|---|---|
| würzig | ausdruckslos |
| kräftig | schwach |
| markant | dünn |
| groß | neutral |
| ausgewogen | |

## KÖRPER

| | |
|---|---|
| vollmundig | dünn |
| kräftig | wässrig |
| füllig | leer |
| kompakt | saftlos |
| schlank | schwachbrüstig |
| zart | flach |
| feingliedrig | breit |
| gut gebaut | plump |
| füllig | |
| kompakt | |
| konzentriert | |
| engmaschig | |

## ABGANG

| | |
|---|---|
| kurz | sehr kurz |
| mittel | unsauber |
| lang | |
| lang anhaltend | |

## ALKOHOL

rein
fehlerfrei
leicht
leichtgewichtig
mittelschwer
kraftvoll
kernig
stark
schwer
wuchtig
mächtig
feurig
harmonisch
mild

aromaschwach
stechend
brandig
dominant
mager
dünn
spritzig
brennend
scharf
wässrig
alkoholisch

## ZUCKER

natürlich
weich
rund
trocken
halbtrocken
dezente Süße
extraktsüß
edelsüß

süß
klebrig
marmeladig
plump

## SÄURE

sauber
leicht sauer
frisch
rassig
spitz
scharf

verdorben
sauer
schal
hart

## FUSEL

sauber
mild

hart
etwas scharf
brennt

## FRUCHT

| | |
|---|---|
| vollreif | undeutlich |
| ausgeprägt | wenig Sortencharakter |
| typisch | überreif |
| eigenwillig | teigig |
| sehr fruchtig | marmeladig |

## HARMONIE

| | |
|---|---|
| einfach | klein |
| ehrlich | unharmonisch |
| sauber | eckig |
| süffig | derb |
| ausgewogen | plump |
| finessenreich | ausdruckslos |
| komplex | nichtssagend |
| vielschichtig | unsauber |
| elegant | unrund |
| ausbalanciert | |
| ausdrucksstark | |

## ALTER

| | |
|---|---|
| jung | rau |
| jugendlich | stechend |
| frisch | jugendliche Schärfe |
| feinfruchtig | fad |
| gereift | gealtert |
| mild | oxidiert |
| aromatisch | estrig |
| ausgebaut | mostig |
| reif | müde |
| am Höhepunkt | welk |
| edelfirnig | ausgezehrt |
| | hinüber |

## ABGANG

| | |
|---|---|
| lang | kurz |
| harmonisch | bitter |
| elegant | scharf |

# RAHMENBEDINGUNGEN FÜR DAS BRENNEN

Das Herstellen eines Edelbrandes ist der Teil, den der Destillateur beherrschen soll, aber das ist noch lang nicht alles! Denn Rechte, Gesetze und Steuern regeln die Alkoholerzeugung europaweit.

## Abfindungsbrennerei

Die älteste Form der Besteuerung ist die Abfindung. Man berechnet über die Zeit die Steuer für die Menge, die man brennen will, und bezahlt den Betrag im Voraus. Der Staat wird mit einem pauschalen Betrag »abgefunden«. Voraussetzung ist, dass man »Stoffbesitzer« ist, also mindestens einen Obstbaum besitzt. Für Landwirte gibt es dann auch noch die Option, je nach Anzahl der Erwachsenen im Haushalt bis zu 27 Liter Alkohol steuerfrei als Hausbrand zu erzeugen. Insgesamt dürfen vom Abfindungsbrenner aber nur 200 Liter reiner Alkohol hergestellt werden. Dieser Abfindungsbrand darf nur an Endverbraucher und die Gastronomie verkauft werden. Auch dürfen Brenner mit diesem Recht ausschließlich Obst aus eigenem Anbau oder selbst gesammelte Früchte brennen. Den Abfindungsbrand kann man durchaus auch als Qualitätskriterium sehen.

»Unter Abfindung hergestellt« bedeutet nämlich, dass der Brenner nur eigenes, idealerweise zum optimalen Zeitpunkt geerntetes Obst verwendet.

Eine besondere Stellung haben jene Betriebe, die das großzügige »Maria Theresianische Brennrecht« besitzen (§ 111 Abs. 1 AlkStMG). Es berechtigt zum Brennen von 400 Litern reinen Alkohols, größtenteils nach den Kriterien des Abfindungsbrenners.

Berechnet wird die Zeit – und damit die zu entrichtende Steuer – mit den sogenannten Ausbeutesätzen. Für Birne wurde eine Ausbeute von drei Litern reinen

Alkohol festgelegt. Aus drei Litern reinen Alkohols je 100 Liter Maische können theoretisch 7,5 Liter trinkfertiger Edelbrand mit 40 vol. Prozent gewonnen werden.

Das geht sich in der Praxis oft bei korrektem Vorlaufabtrennen und großzügigem Nachlaufabtrennen nicht aus. Daher hat der Brenner die Möglichkeit, eine Maischeprobe einzusenden, den Alkoholgehalt der Maische feststellen zu lassen und nach einem exakten Ausbeutesatz zu versteuern. In der Praxis ist diese Vorgangsweise aber nicht sehr beliebt, da sie sehr umständlich ist.

## Verschlussbrennerei

Für große Gewerbebetriebe gibt es die Möglichkeit des Verschlussbrennens. Das bringt den Vorteil, dass man größere Mengen brennen darf und das Obst zugekauft werden kann. Der Verschluss berechtigt zum Verkauf in Geschäften und Vinotheken, und man darf auch ins Ausland versenden. Das Prinzip ist, dass der Brennkessel verplombt wird (300 bis 400 Plomben können schon notwendig sein) und der Alkohol nur über eine komplizierte Messeinheit abgenommen werden kann. Der Zollbeamte kann die Werte jederzeit ablesen, daher kann der Verschlussbrenner brennen, wann immer er Zeit hat, ohne vorherige Anmeldung beim Zollamt. Ein weiterer Vorteil liegt darin, dass die Steuer erst mit dem Verkauf fällig wird und nicht im Vorhinein gezahlt werden muss. Das spielt bei Gewerbebetrieben eine wesentliche Rolle.

## Abfindungsbrennerei mit eingeschränkter Anlagensicherung

Mit dem Aufschwung des qualitativ hochwertigen Edelbrandes, der aus bäuerlicher Produktion stammt, wurde diese neue Variante ermöglicht. Diese Zwischenform gibt es erst seit 1997. Sie ist für bäuerliche

Betriebe gedacht, die in der Edelbrennerei ein betriebliches Standbein gefunden haben. Diese Betriebe dürfen bis maximal 1000 Liter reinen Alkohol erzeugen und haben auch alle anderen Vorteile der Verschlussbrenner. Die Methoden zur Alkoholerfassung sind aber wesentlich einfacher, und das Umrüsten einer bestehenden Brennerei ist relativ einfach möglich.

## Steuern

Zum einen muss jeder Brenner die Alkoholsteuer »brennen«, zum anderen gibt es auch noch die Mehrwertsteuer. Die Alkoholsteuer wird vom Zoll eingehoben und beaufsichtigt, die Mehrwertsteuer muss an das Finanzamt entrichtet werden. Da Edelbrände nicht zur Urproduktion gehören, wie Äpfel oder Apfelsaft, werden 20 Prozent Mehrwertsteuer in Rechnung gestellt.

## Lebensmittelkennzeichnungsverordnung

Da Edelbrenner ihre Destillate nicht nur selbst trinken, sondern abfüllen und verkaufen, unterliegen sie der Marktordnung und der Fertigverpackungsverordnung. Diese schreibt vor, welche Flaschengrößen man einfüllen darf, wie die Bezeichnung des Brandes (siehe Kapitel »Begriffe, Definitionen«) zu erfolgen hat und was sonst noch alles anzugeben ist!

## Lebensmittelhygieneverordnung

Alle Lebensmittel, die für den Verzehr vorgesehen sind, unterliegen der Lebensmittelhygieneverordnung. Alle Arbeitsschritte müssen dokumentiert werden: Zubereitung, Verarbeitung, Verpackung, Lagerung, Beförderung, Verteilung, Verkaufsraum, Transport usw. Dem Konsumenten ist dies alles oft nicht bekannt und nicht bewusst. Viele Betriebe sind GlobalGAP- und HACCP-zertifiziert.

# Destillata

## Hochgeistige Genüsse auf dem Prüfstand

Die Destillata hat sich in den Jahren ihres Bestehens zur bedeutendsten europäischen Edelbrandprämierung entwickelt und konnte maßgeblich zur Förderung des Qualitätsdenkens am Edelbrandsektor beitragen. Rund 200 Produzenten stellen jährlich etwa 1500 Produkte der verdeckten Verkostung durch die Destillata Fachjury. Die hohen Qualitätsstandards, die dabei gefordert werden, machen die Destillata-Auszeichnungen doppelt wertvoll, und die Edelbrenner wissen um diese Bedeutung. Die Destillata versteht sich als Bindeglied zwischen Erzeugern und Konsumenten.
Eine Destillata-Auszeichnung ist für Konsumenten eine verlässliche Orientierungshilfe bei der Entscheidung für einen sorgfältig produzierten, hochwertigen Edelbrand.

## Kleine Anleitung zum Beurteilen eines Destillats

Schritt 1: das Aussehen.
Klare Obstbrände sind immer sauber und farblos. Holzfassgelagerte Brände zeigen goldgelbe Färbungen unterschiedlicher Intensität, je nach Holzart des Fasses und Dauer der Lagerung.

Schritt 2: die richtige Trinktemperatur.
Je kälter der Brand, desto mehr werden etwaige Fehler verdeckt und desto weniger können sich die Fruchtaromen entfalten. Die ideale Trinktemperatur liegt bei 15 bis 18 Grad.

**Schritt 3: das Glas.**
In einem tulpenförmigen Stilglas kann sich der Charakter des Destillats optimal entfalten. Man lässt das Glas einige Minuten stehen und gibt den Eigenschaften des Brandes Zeit, sich zu entwickeln.

**Schritt 4: das Riechen.**
Ein sauber abgetrennter Brand weist weder sogenannte »Uhu-Töne« nach Lack oder Klebstoff, die auf Vorlauf deuten, noch faulige, krautige Nachlaufnoten auf. Ist der Alkohol nicht gut eingebunden, zeigt sich das durch Stechen in der Nase.

**Schritt 5: das Verkosten.**
Ein kleiner Schluck des Brandes wird auf Zunge und Gaumen verteilt. Dabei sollten das Aroma und der Charakter der Frucht deutlich präsent sein und auch nach dem Schlucken anhalten. Das Destillat sollte im Abgang weder kratzen noch brennen.

Man genießt einen Edelbrand in kleinen Schlucken und reicht etwas Wasser dazu. Bei einem perfekten Produkt sind der typische Geruch und das feine Aroma auch noch im leeren Glas lange Zeit erkennbar.

## Der schnellste Weg zum besten Brand

Suchen Sie nach einer bestimmten Sorte oder nach Produzenten in Ihrer Region? Im Destillata-Online-Guide unter www.destillata.at finden Sie alle ausgezeichneten Produkte des Jahres und die Kontaktdaten des Produzenten.

MIT UNTERSTÜTZUNG VON BUND, LÄNDERN UND EUROPÄISCHER UNION

Schutzverband Österreichischer Spirituosen-, Sekt- und Fruchtsafthersteller

## Monika und Hans-Peter Eder

In der Gemeinde Nußdorf im Oichtental (Flachgau, Sbg.) ist der kleine Obstverarbeitungsbetrieb Eder ansässig, der seit 1997 hochwertige Edelbrände, Liköre, Most, Fruchtsäfte und Apfelessig erzeugt.
Die Familie Eder verarbeitet nur selbst angebautes Obst. Im Oichtental herrscht raues Klima mit viel Niederschlag, weshalb es beachtenswert ist, dass sich in Eders Sortiment nicht nur Apfel, Birne und Zwetschke, sondern auch Quitte, Ringlotten, Kirschen, Himbeeren, Johannisbeeren und vieles mehr finden.
Und weil der Trend hin zu besonders fruchtigen Likören geht, findet sich im Hause Eder als besondere Spezialität der Johannisbeerlikör.

**Schwarzer Johannisbeerlikör**

Goldenes Stamperl (Bundessieger) 2009 und 2010 in Wieselburg

Alkoholgehalt 21,8 vol. Prozent

Intensiv fruchtige Johannisbeere, mit einer schönen Balance aus Süße und der lebendigen Säure der Ribiseln und harmonisch ausklingend.


**Fam. Monika und Hans-Peter Eder**

Abfindungsbrennerei

Rottstätt 7
5151 Nußdorf am Haunsberg
Tel.: +43(0)62 76/217 68
E-Mail: edelbraende.eder@aon.at

www.edersedelfuellung.at


EDERs Edelfüllung

# Stiegenhaushof-Brennerei Fankhauser

Am Stiegenhaushof erhält man alle Brände, die man sich nur vorstellen kann. Von der traditionellen Meisterwurz und dem Obstler über verschiedene Apfelsorten-Brände, Birne, Marille, Traube, Weichsel, Himbeere, Schwarzbeere und Quitte bis zum Zillertaler Bergheubrand. Auch die süße Variante, den Likör, gibt es von fast allen Obstarten.
Martin Fankhauser ist bereits in der vierten Generation Brenner und erreichte 2007 einen Landessieger mit der Meisterwurz. Weitere Prämierungen und Auszeichnungen folgten. Übrigens: Der Original Zillertaler Bergheubrand Himbeer-Apfel wurde auf der »Ab Hof« Wieselburg mit dem Goldenen Schnapsstamperl 2010 ausgezeichnet.

**Meisterwurz Edelbrand**

Ausgezeichnet mit 20 Punkten
bei der Tiroler Landesprämierung 2007

Würzig, dezent fruchtig, Fenchel-Anis-Zitrus-Aromen, angenehmer Nachklang am Gaumen durch das zarte Apfelaroma

**Stiegenhaushof-Brennerei**

Martin & Kathrin Fankhauser

6283 Schwendau 130
Tel.: +43(0)664/198 31 50

www.stiegenhaushof.at

## Hermann und Rosemarie Hinterseer

Das Schnapsbrennen hat bei Rosemarie und Hermann Hinterseer eine relativ kurze Tradition. Mitte 1980 begannen die beiden damit, ihre Streuobstbestände einzumaischen und bei Abfindungsbrennern in der näheren Umgebung brennen zu lassen.

Erst im Jahr 1995 haben sie sich ein erstes einfaches Brenngerät gekauft und selbst mit der Erzeugung von edlen Bränden begonnen. Im Nu hat sich durch Mundpropaganda der Absatz ihrer Produkte derart erhöht, dass das Brenngerät zu klein wurde. Auch entstand in Hermann Hinterseer immer mehr der Wunsch, mit »exotischen« Früchten zu experimentieren. Daher wurde im Jahr 2002 eine Kolonnenbrennerei im sogenannten Kleinverschluss errichtet. Obwohl die Obergrenze von 400 Litern reinen Alkohols bald erreicht war, wird an eine Ausweitung nicht gedacht. Hermann Hinterseer will ein Genussbrenner bleiben, da die Familie insgesamt schon sehr viel Zeit in sein Projekt investiert.

Wichtig ist ihm, nur Obst von höchster Qualität zu Edelbrand von höchster Qualität zu verarbeiten. Bei der Größe des Betriebes kann das Obst noch handverlesen werden, was für die Qualität des Brandes sehr wichtig ist. Daher ist die Liste der Auszeichnungen bei den regionalen und überregionalen Verkostungen wohl auch so lang!

Des Brenners Motto lautet: »Man kann aus schlechtem Obst keinen guten Schnaps machen, aber aus gutem Obst sehr leicht schlechten Schnaps!«

Einer der Höhepunkte in Scheffsnoth ist der jährlich stattfindende »Bauernherbst«. Im Rahmen des

Festes, das meist Anfang September stattfindet, können die Brände und Liköre der Hinterseers unverbindlich verkostet werden. Von den Kunden äußerst geschätzt sind die Williamsbirne, die Marille, der Holunder sowie der im Eichenfass ausgebaute Elstar-Apfel. Mit dem Bananen- und Blutorangenbrand kommen auch Liebhaber von exotischen Früchten auf ihre Kosten. Geiste und Liköre runden das Sortiment ab. Weiters können die Gäste beim Brennen zuschauen, sich informieren, fachsimpeln und den Hochprozentigen direkt verkosten. Verkostungen in kleinerem Rahmen sind natürlich auch das ganze übrige Jahr möglich.

Eine bemerkenswerte Restlverwertung ist Hermann auch eingefallen: »Hermann's Power Gel« (aus Vorlauf, Menthol, Lavendel und Kampfer) wird nach Sport und Sauna angewendet und hat schon ein paar kleine Wunder bewirkt.

**Holunderbrand**

1. Preis beim Goldenen Stamperl in Wieselburg

Dunkle, herbe Beere, Bitterschokolade, exotisch, intensiv am Gaumen, würzig, sehr ausgewogen und wohltuend.

**Hermann und Rosemarie Hinterseer**

Scheffsnoth 3
5090 Lofer
Tel.: +43 (0)6588/84010
Mobil: +43 (0)664/586 19 88
hermann.hinterseer@rosi.at

www.rosi.at
www.bauernherbst.com
www.salzburger-saalachtal.info/

HINTERSEER
Edelbrände
Lofer

# Feindestillerie Hochstrasser

In der Weststeiermark, zwischen der Lipizzanerheimat und dem Schilcherland, liegt die Marktgemeinde Mooskirchen. Mitten im Ort findet man die Destillerie und Gastwirtschaft der Familie Hochstrasser. Dort entsteht Jahr für Jahr ein großes Sortiment an Fruchtbränden aus reinstem Destillat und für jeden Gaumen. Jährliche Auszeichnungen beim World-Spirit Award bestätigen die ständige Weiterentwicklung in der Obstverarbeitung und Produktion. Gäste können bei einer individuellen Führung Einblicke in die Kunst des Destillierens bekommen und die Brände bei einem guten Essen oder im neu errichteten Holzfasskeller genießen.

**Marille Classic**

Erntegebiet Burgenland,
holzfassgereift

Marille Zigarrenbrand
45 vol. Prozent: Gold beim World-Spirit Award mit 95,30 Punkten

Holzfassgereift (Limousin-Eiche) Duft: wuchtig, getrocknete Marillen, Marmelade, schön eingebundenes Holz, zartes Marzipan, Karamell. Geschmack: typisch, Dörrobst-Charakter, Rosinen, zarter Bittermandelton, Vanille, Schokolade, weißer Pfeffer, feine Honigsüße, sehr ausgewogen, weich

**Feindestillerie Hochstrasser GmbH & CoKG**

Marktplatz 12
8562 Mooskirchen
Tel. : +43 (0)3137/2232 (Fax -6)
hochstrasser@schnaps.at

www.schnaps.at

# Wirtshausbrennerei Krenn

Im Wirtshaus brennt's! Das mystische Yspertal liegt im südlichen Waldviertel in der Nähe der Wachau. Hier verwöhnt Wirtin Martina Krenn ihre Gäste mit einer regionalen Küche und Hans Krenn den Gaumen mit ganz besonders edlen Destillaten. Hans Krenns Hauptsorte ist eine einzigartige autochthone Birne, die Kaiserholzbirne. Wichtig für den Betrieb sind auch der Brand aus der Roten Williams und der Marillenbrand aus 100 Prozent Wachauer Marillen. Das Sortiment ist aber noch lange nicht erschöpft. Genießen kann man noch Kriecherl, Quitte, Apfel, Zwetschke, Schlehe, Traubenkirsche und viele Beeren. Wichtig ist den beiden, ihren Fruchtgenuss in flüssiger Vollendung als Aperitif oder Digestif oder einfach zwischendurch ihren Gästen näherzubringen.

**Kaiserholzbirnbrand**

2008, 42 vol. Prozent

Schöne elegante Nase und Frucht, typisch/viel Pikanz und Rasse, charaktervoll/gute Länge/prägnante, intensive Würzigkeit

**Landgasthof Peilsteinblick**

Martina und Hans Krenn
Stangles 41
3683 Yspertal
Tel.: +43 (0)7415/7258

www.wirtshausbrennerei.at

# Feindestillerie Krauss

Die Philosophie der Feindestillerie Krauss lässt sich kurzerhand mit der Definition der »Vins de Garage« erklären: »Garagenweine sind Weine, die mit höchstem Qualitätsanspruch von sehr kleinen Weingütern produziert werden.« Umgelegt auf Edelbrände und mit dem Wissen, dass sich ihre Brennerei in einer Garage befindet, ist das die perfekte Betriebsbeschreibung für das Unternehmen der Frau Dipl.-Ing. Dr. Carmen Hermann-Krauss. In den ersten 3 Jahren seit der Gründung 2007 konnten bereits 29 Gold- und 10 Silbermedaillen bei der Landesverkostung erzielt werden. Besonders stolz ist die Inhaberin auf den Umstand, dass 2008 mit dem Rosenmuskatellertraubenbrand bereits der erste Landessieger für das Unternehmen gewonnen wurde. Beim ersten Antritt auf internationaler Ebene bei der Destillata 2010 konnte bereits ein Sortensieger, Kirschenbrand Holzfassgereift, errungen werden. Darüber hinaus wurde die Auszeichnung „Newcomer des Jahres 2010" verliehen und die Brennerei in die Kategorie „Höchste Qualität" aufgenommen. Viel wichtiger ist der Familie Krauss jedoch der Zuspruch durch ihre Edelbrandkonsumenten. »Genuss erleben« bedeutet ihnen, die Freude im Gesicht eines zufriedenen Kunden zu sehen, nachdem er von einem Edelbrand gekostet hat.

Für die Herstellung der Edelbrände und für die Auswahl des Sortiments ist der Werner Krauss zuständig. Ihm ist vor allem wichtig, dass nur bestes Obst verwendet wird und dass beim Destillieren nur »saubere« Edelbrände mit dem typischen Charakter der Frucht entstehen.

Das Sortiment umfasst momentan zirka 25 Sorten, darunter Klassiker wie Williamsbirne, Zwetschke,

Weichsel, Vogelbeere oder Marille genauso wie sortenreine Apfelbrände und Traubenbrände sowie Exoten wie Banane oder Ananas. Besonders beliebt sind die Zigarrenbrände von der Birne, der Marille und der Zwetschke.
Besonderes Augenmerk gilt der Reifung in Holzfässern (mehr als 50 Prozent der Edelbrände werden so gereift), frei nach dem Motto: »Was ins Holz passt, kommt ins Holz«. Um diese Art der Reifung zu optimieren, wird auch mit verschiedenen Holzarten und Toastings experimentiert.
Die Feindestillerie Krauss. Ein Versprechen für die Zukunft.

**Birnenbrand mit Dörrbirne**

Zigarrenbrand,
45 vol. Prozent

Birnencuvée mit intensiver, reifer Dörrbirnenaromatik, leicht blumig im Duft, zarte Karamellnoten mit gerösteter Nuss, runder Schokolade und Vanillearomen, angenehme Süße am Gaumen; gut gereift und langer, harmonischer Abgang.

**Feindestillerie Krauss**

DI Dr. Carmen Hermann-Krauss

Graden 13
8541 Schwanberg
+43 (0)650/326 56 41
office@destillerie-krauss.at

www.destillerie-krauss.at

## Landgasthof Dieplinger

Der Landgasthof des Edelbrenners Karl Langmayr liegt direkt an der oberösterreichischen Donau. Dort hat sich der gelernte Landwirt seit 1980 mit der Produktion von Edelbränden ein zweites wirtschaftliches Standbein geschaffen.

In seinem neu erbauten Brennhaus mit Verkostungsraum kredenzt Gast- und Landwirt sowie Waidmann Langmayr 18 Sorten von Destillaten. Das Hauptaugenmerk liegt bei Früchten aus der eigenen Landwirtschaft: Birne, Apfel, Kirsche, Marille, Zwetschke, dazu noch selten gebrannte Sorten wie Mispel, Dornbirne, Erdbeere oder Spenling.

**Zwetschke**

43 vol. Prozent

In der Gemüseregion Eferdinger Becken traditionell großflächig vorkommende Frucht. Die Früchte werden wegen des deutlichen Unterschiedes zwischen Tages- und Nachttemperaturen hocharomatisch. Beschreibung: charmanter, süßer Duft, schöne, schokoladige Frucht, Zimtwürze und reintönige Aromatik; voller, kräftiger Körper, gute Struktur, lang anhaltend, leichte Schärfe.

**Landgasthof Dieplinger**

Karl Langmayr
Brandstatt 4
4070 Pupping bei Eferding
Tel: + 43 (0)7272/2324

www.langmayr.at

# Obsthof und Brennerei Neumeister

In dritter Generation kultiviert Familie Neumeister am Ried Domberg bei Straden Kern- Stein- und Beerenobst, dessen Qualität maßgeblich vom pannonisch beeinflussten Mikroklima im Steirischen Vulkanland profitiert. Selbst sensible Obstsorten reifen hier wunderbar aus. 1998 begann die Familie einen Teil der Früchte zu feinen Destillaten, Fruchtsäften und Essigen zu veredeln, wobei das sensible „Schnapsbrennen" eine besondere Passion erfährt. Der Obsthof ist Mitglied der Greißlerei DE MERIN, die rund 250 qualitätsgeprüfte Produkte der Region anbietet.

**Williams Birnenbrand**

43,5 vol. Prozent; Jahrgang 2007

BrandNews Best of Schnaps 2009
19,25 Punkte / 5 Sterne

Verkostnotizen: Klare Würze, gute, sortentypische Frucht, fein und filigran / intensiv, ausgeprägt, dicht und konzentriert am Gaumen, würziger, fester Körper / gute Länge, geschlossen, im Abgang sensationell!

**Obsthof & Brennerei Neumeister**

Wieden 17
8345 Straden
Tel.: +43 (0)3473/82 49 (Fax -4)
info@obsthof-neumeister.at

www.obsthof-neumeister.at
www.demerin.at

NEUMEISTER
Edles vom Obst.

## Hofbrennerei und Genuss-Schule Steinbauer

Der Betrieb liegt im wunderschönen Ort Rassach in der Weststeiermark am Rande der Koralpe und ist auf die Erzeugung von hochwertigen Verarbeitungsfrüchten spezialisiert. Ein Teil des Obstes wird in der eigenen Hofbrennerei veredelt. In dieser Hofbrennerei werden auch Genuss-Seminare für interessierte Gruppen angeboten. Im Seminar erfolgt zuerst eine Grundschulung in der Sensorik, Aspekte des Genießens werden erörtert und danach können einige Genusskombinationen mit Edelbränden verkostet werden. Nach dem Motto: Schnaps kann man Trinken, Edelbrände soll man genießen!

**Weichsel Edelbrand**

Sortensieger bei der steirischen Landesbewertung 2009, 40,1 vol. Prozent

Sehr frisches Duftbild, intensive Weichsel-Frucht, zarte Zitrustöne, ausgewogener Marzipanton, komplex und nachhaltig am Gaumen mit sehr frischem Duftbild, intensive Frucht, zarte, frische Zitronentöne, ausgewogener Marzipanton am Gaumen, komplexe Fruchtaromen und nachhaltig am Gaumen

**Obst + Wein | Hofbrennerei**

Maria Steinbauer

Rassach 60
8510 Stainz
+43 (0)676/920 70 70

www.genuss-erleben.at

STEIN BAUER

# Obsthof Zotter

»Komm und genieß ein Stück vom Paradies.« Das ist das Motto in der südburgenländischen Genussregion rund um das Apfeldorf Kukmirn, die Heimat der Familie Zotter. Im Besonderen wächst hier der Uhudler, eine robuste Direktträger-Traube, eine geschützte Bezeichnung für diese Region.
Letzteren brennt Gerald Zotter besonders gern. Der junge Obstbau- und Weinbaumeister zählte bei der Destillata 2008 zu den zehn besten Brennern Österreichs. Zahlreiche Auszeichnungen festigen das Image eines großartigen Brenners.
Sein Sortiment umfasst 23 verschiedene Brände und fast ebenso viele Liköre.

**Uhudler Brand**

Gold bei der Destillata 2008

Perfektes Duftspiel mit der sortentypischen Erdbeere, facettenreich und ausdrucksstark am Gaumen, pikante Würze im Abgang.

**Obsthof Zotter**

Gerald und Johanna Zotter

Schöngrund 188
7543 Kukmirn
Tel.: +43 (0)3328/320 77
Mobil: +43 (0)664/113 99 63

www.obsthof-zotter.at
www.ein-stueck-vom-paradies.at

## Spezialitätenbrennerei & Obstbau Wilhelm

Der Betrieb der Wilhelms liegt in Puch bei Weiz, im Zentrum des steirischen Obstbaues. Durch Puch führt auch die steirische Apfelstraße, eine der schönsten Themenstraßen im Frühjahr zur Zeit der Blüte und im Herbst zur Ernte.

Nach dem Motto »Das Beste ist gerade gut genug« werden auf 17 ha jene Obstarten angebaut, die der Chef des Hauses für seine Brände braucht. Bereits der Vater hat 1948 mit dem Brennen von Williamsbirnen begonnen. Schon damals wurde auf Qualität geachtet, und es wurden nur schöne, saubere Birnen eingemaischt. Dies rief bei den Nachbarn bedenkliches Kopfschütteln hervor, da zu dieser Zeit der Schnaps eine reine »Obstverwertung« war. Im Jahr 1995 wurde die Brennerei zur jetzigen Größe ausgebaut. Auch heute noch ist der Williams-Edelbrand der »Verkaufsschlager« der Wilhelms. Nach wie vor wird er mit größter Sorgfalt behandelt. Das Wichtigste sei die kontrollierte, gekühlte Nachreife der Birnen, um möglichst einheitlich reife Früchte einmaischen zu können, so der Brenner.

Gebrannt wird alles von A bis Z, vom Apfel bis zur Zwetschke. Zirka 25 verschiedene Obstarten werden gebrannt, die dann als »Klarer« oder »in Eiche Gelagerter« angeboten werden. Auch als Likör verfeinert werden Sorten wie z. B. Weichsel verkauft. Das Herstellen des »Geistes« ist Sepps Aufgabe und das »Verkaufen« die Leidenschaft von Peperl.

Die Verkaufsräume der Wilhelms laden zum Erlebniseinkauf ein. Außer Bränden und Likören gibt es auch

noch das frische Obst – hauptsächlich gut gereifte Äpfel in vielen Sorten (»Genussregion Oststeirischer Apfel«!); Marmeladen, Honig, Dörrobst, Kernöl und selbst gemachte Essige werden angeboten. Eine Besonderheit sind die »ULA« – »Unsere Liebsten Alten« Brände. Das sind ausgewählte Brände, die erst nach langer Reife für den Verkauf freigegeben werden. Peperl selbst mag diese Brände ganz besonders gern. »Da wir selbst ja schon dazugehören«, scherzt sie lachend. Ab und zu, in einer ruhigen Minute, genießt sie gern auch einmal eine Alte Zwetschke vom Eichenfass. Die Zeit dazu dürfte sie aber nicht allzu oft haben, ist sie doch die Obfrau der »Steirischen Apfelstraße«. Aber auch Sepp begnügt sich nicht nur mit dem Brennen seiner eigenen Brände. In seinem Brennkesseln wird jedes Jahr auch der »ABAKUS«, ein besonderer Apfelbrand, gebrannt. Er ist einer jener »Apfelmänner«, die unter bestimmten Regeln und Ritualen ihren »Abakus« vergeistigen.
Der Ehrgeiz des Brennerpaares ist groß: »Wir wollen jedem Russen eine Flasche Wilhelm Williams verkaufen«, sagt er und zwinkert mit den Augen ...

**Williamsbirne Edelbrand**

39 vol. Prozent, helle, saftige, zitrustönige Frucht, dicht und intensiv am Gaumen, langer breiter Abgang.

**Wilhelm Williamsbirne – ein Genuss für Mann und Frau.**

Josef und Josefa Wilhelm

Lingstätten 2
8181 Puch bei Weiz
Tel.: +43 (0)3177/41 41

www.wilhelm.at
www.abakus-puch.at
http://apfelstrasse.at/

WEIN
wilhelm
OBST+SCHNAPS
LINGSTATTEN
8182 PUCH/W.
TELEFON 03177/4141
TELEFAX 03177/41414
http://www.wilhelm.at

# LITERATURLISTE


Eckart von Hirschhaus: Glück kommt selten alleine. 2009 Rowohlt Verlag GmbH

Vene Maier: Große Schnäpse. 2004 Falter Verlagsgesellschaft m.b.H.

Peter Dürr (Hg.), Wolfram Ortner: Destillata Handbuch 3. 1997 Österreichischer Agrarverlag

Jürgen Dollase: Geschmacksschule. 2005 Tre Torri Verlag GmbH

Georg Innerhofer: Marmeladen, Konfitüren und Gelees. 2002 Leopold Stocker Verlag

Sergius Golowin: Paracelsus. 2007 Schirner Verlag Darmstadt

Maria Sailer: Liköre und Ansatzschnäpse. 2004 Hubert Krenn VerlagsgesmbH Wien

Hervé This-Benckhard: Rätsel der Kochkunst. 1996 Springer Verlag Berlin Heidelberg

Anne Wilson: Cocktails und Partydrinks. 2007 Tandem Verlag GmbH

Thomas Stanzer: Hochprozentiges aus Österreich. 2006 M + N Medienverlag

Gerd Krüssmann: Handbuch der Laubgehölze 1 + 2. 1962 Verlag Paul Parey Berlin Hamburg

Juen/Wieser/Böhm: Das Tiroler Schnaps-Buch. 2002 Verlagsanstalt Tyrolia

Georg Innerhofer: Obstverarbeitung. 2005 Österreichischer Agrarverlag

Andreas Fischerauer: Schnäpse und Edelbrände. 2007 Österreichischer Agrarverlag

Jancis Robinson: Der Degustationskurs. 2003 Gräfe und Unzer Verlag GmbH

Bergler/Hoff: Genuss und Gesundheit. 2002 Kölner Universitätsverlag GmbH

Eva Koppenhöfer: Kleine Schule des Genießens. 2004 Pabst Science Publishers

Rainer Lutz: Beiträge zur Euthymen Therapie. 1999 Lambertus Verlag

Sonja Lyubomirsky: Glücklich sein. 2008 Campus Verlag GmbH

Seiwert/Kammerer: Endlich Zeit für mich. 1998 mgv-Verlag

Manfred Prisching: Die zweidimensionale Gesellschaft. 2006 VS Verlag für Sozialwissenschaften

Beate Handler: Mit allen Sinnen leben. 2008 Goldegg Verlag GmbH

Peter Jäger: Edelbrandweine, Schnäpse, Liköre. 2006 Leopold Stocker Verlag

Manfred Lütz: Lebenslust. 2002 Pattloch Verlag GmbH & Co.KG

Bildnachweis:
Archiv der Autorin: 54, 56, 60, 95, 104, 115, 119

Thomas Böhm: 4, 8/9, 42/43, 45, 52, 55, 58, 59, 64, 67, 68, 73, 77, 80, 85, 88, 91, 93, 95, 97, 99, 100, 103, 113, 127, 128, 135, 13/139, 147, 154

Sissi Furgler: 7

Barbara Geieregger (LFI Steiermark): 143

Georg Innerhofer (LVZ Haidegg): 117

Kunsthistorisches Museum Wien: 50 (Foto: Milar, Wien)

Österreichische Nationalbibliothek: 49 (Hs 281, fol. 95r, Foto: Institut f. mittelalterliche Realienkunde Österreichs, Krems, Malina)

Max Steinbauer: 29, 33

Heiko Tischler: 75, 108, 110, 124